目が見えない
演歌歌手

清水博正

山中企画

『目が見えない演歌歌手』目次

序章　「僕は幸せです」

僕は生まれつき、目が見えません。

目の網膜の血管が未発達のまま生まれた、未熟児に起きる「未熟児網膜症」でした。

ですから「赤」という色がいったいどんな色なのかもわかりませんし、「山」や「川」がどんな形をしているのかもよくわかりません。

そんな話をすると、よく「お気の毒ねぇ」「さぞかしご不自由でしょう」などと同情されてしまいがちです。

いかにも僕が「不幸の星」を背負って生まれてしまったみたいに。

大きな声で言いたいです。


「そんなことないですよ〜! これでも僕、幸せなんですよ〜!」


なんて言っても、もし僕の目が見えていたら、きっと演歌には出会っていなかったと思います。

小さいころから、家で音楽を聴くのが楽しみだった僕は、祖母の持っていた演歌のレコードを自分で操作してプレーヤーでかけているうちに、全身が演歌体質になっていました。たぶんフツーに生まれて、フツーに外で友達と遊ぶ暮らしをしていたら、

「演歌なんて古いよね」で終わっていたでしょう。

演歌があったおかげで、僕はちょっとくらい苦しいことがあっても大丈夫でした。演歌を聴いていれば嫌なことも忘れられますし、演歌を唄っていればまさに幸せそのものです。

しかも、『NHKのど自慢』でグランドチャンピオンにまでさせていただいた上に、プロとしてCDデビューまで出来た。

「人生はプラスマイナスゼロ。困ったことがある分、いいこともある」

僕はそう信じています。

演歌と出会ったおかげで、本当にたくさんの人たちとも知り合うことができました。最も多いのが歌が大好きなお年寄りの皆さん。僕は、まだ小学生だった頃から、祖父に連れられて近所の温泉施設に行って、皆さんの歌を聴いたり、僕が唄ったり。とても楽しかったんです。

僕の歌に涙を流して喜んでくれる人もいました。

こんな僕の歌でも聴いて「元気」になってくれる人たちがいるのが、嬉しくて仕方なかったんです。

それに、『ＮＨＫのど自慢』に出て、ＣＤを出してから、全国各地の体の不自由な皆さんから、

「清水さんの歌声で元気をもらいました」

「障がい者でもやればできるんだ、って思いました」

そんな応援の声をたくさんいただきました。

だから僕は、こう確信したんです。


「お年寄りや、体の不自由な人たちに歌で元気を伝えるのが僕の使命です！」


もちろん、そうでない皆さんにも僕の歌を聴いてほしい。

ただ、もう自分はみんなの「厄介者」だから生きていても仕方ない、と小さくなっているお年寄りや、体の不自由な人たちには、特に聴いてほしい。

ほら、僕だって、生まれつきの障がい者で、みんなにいっぱい迷惑もかけているけど、演歌が好きで好きで、ずっと続けてきたら、デビューしてから今日まで唄い続けられてる。

しょんぼりと家に閉じこもっているんじゃなくて、元気を出して、外に飛び出していったからできたんです。

「一歩踏み出す勇気さえあれば、体に障がいがあってもなんでもできる」

と信じていました。

ほとんどの世の中の人たちは、僕のような「全盲」だと、なにも出来ないように思っている方がとても多いです。

そんなこと、ないんですよ〜！

情報集めだって、点字ディスプレイのついた携帯用端末もあるし、パソコンもフツーの人が使うものに音声がついているものが十分に利用できます。

僕は昔から機械いじりが大好きだったので、すぐにメールを打ったり、検索もできるようになりました。

ある程度までなら、一人で電車に乗って目的地に行ったりもできます。

確かに見えないからできないことも少なくないですが、やれることも結構ある。諦めたら、一歩も前に進みません。

見えない分、たくさんの人の名前と声は覚えられます。相手の見た目に惑わされずに、「心の目」で人を見えるようにもなれます。

結局、

「人は十人十色。いろんな人がいてもいい。だから僕みたいのがいてもいい」

ちょっぴり開き直ってもいます。テレビのＣＭでも「障がいはハンデではなく、個性だ」なんて言いますよネ。僕は、その通りだと思う。

背の高い人もいれば低い人もいる。太った人もいればヤセた人もいる。それと同じで目が見える人もいれば見えない人もいる。それくらいの気持ちでいたい。

「そんなのムリ」って怒られちゃうかな。体の障がいって、そんなに軽いモノじゃないだろう、って。

わかってますよ。だけど、「私には障がいがある。悲しい宿命を背負ってる」って年中クラくなってたってしょうがないでしょ。

障がい持ってたら、いろんなことがあるのは当然。でもそこで笑顔でいなきゃ。悲しい思い、寂しい思いをしているのはあなただけじゃないんですよ。

一人じゃない。仲間はいるし、いないなら、僕がなりますって！

この本も、一人でしょんぼり小さくなっている人たちに、少しでも元気を届けたくて出しました。

清水博正・写真館①

生まれて2ヵ月たっても、
まだ1615gしかなかった。

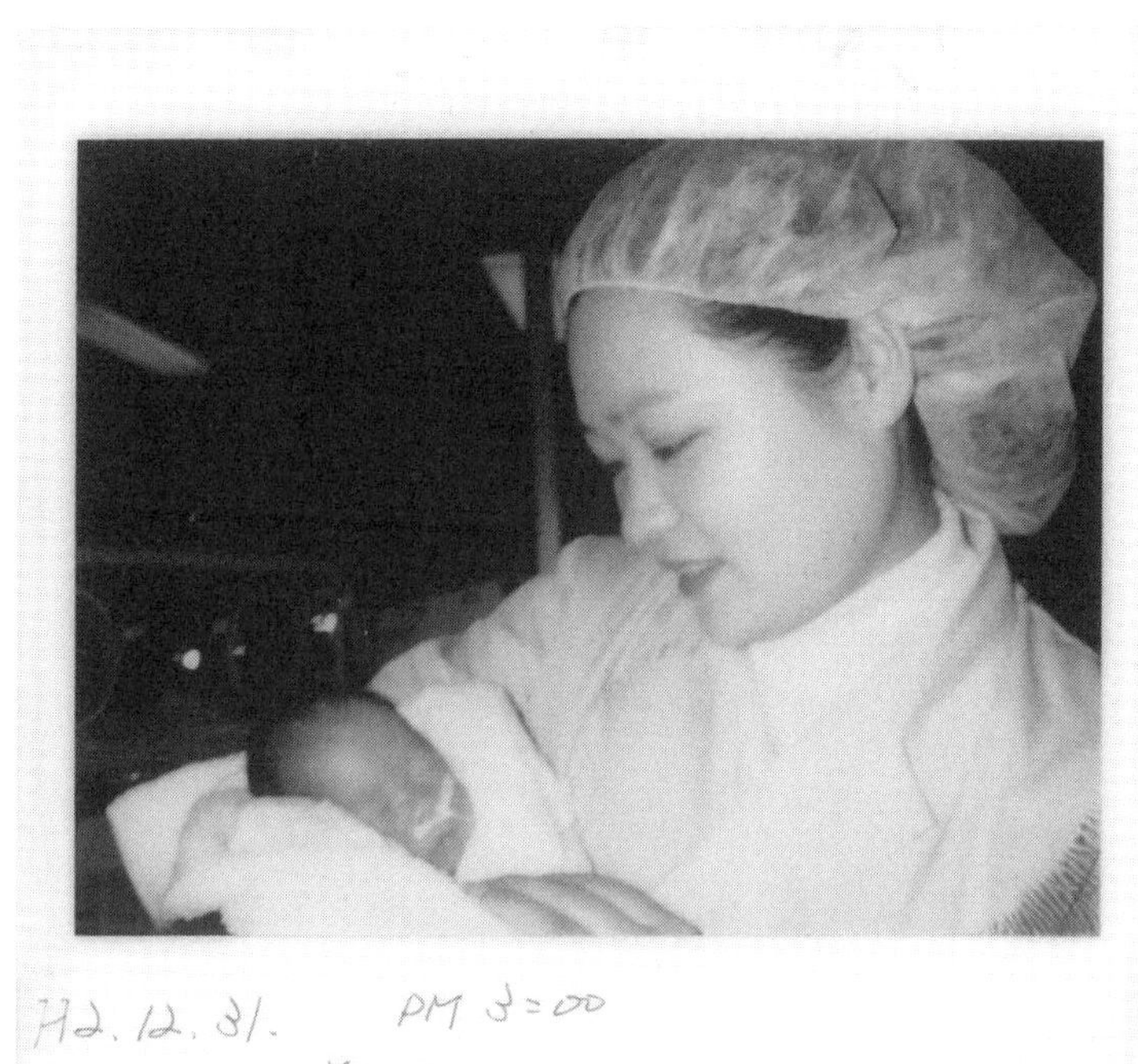

生まれて半年くらい。はじける笑顔。

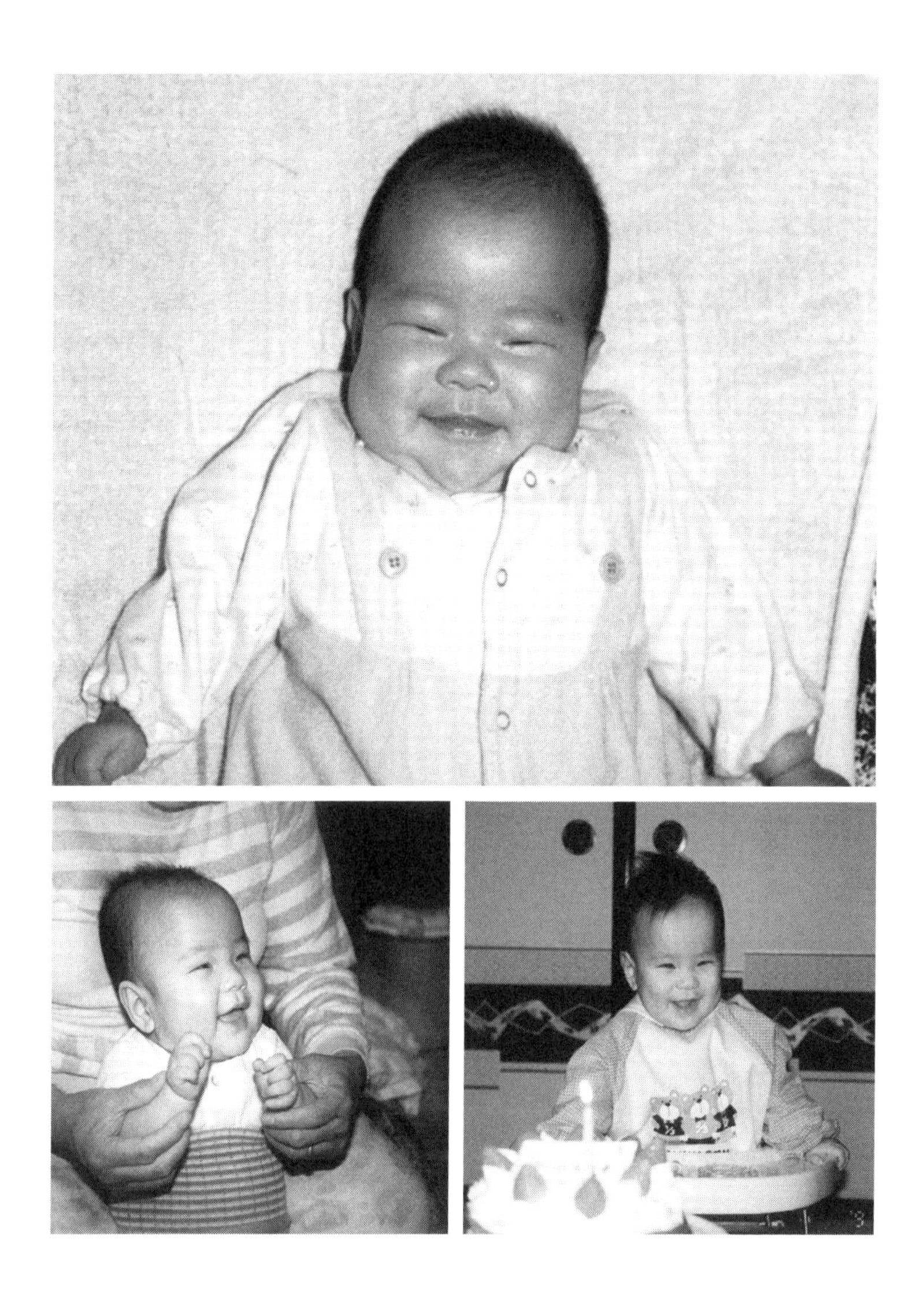

家の中でも外も元気に
動き回っていた。

COUNTRY

妹・萌香とともに。

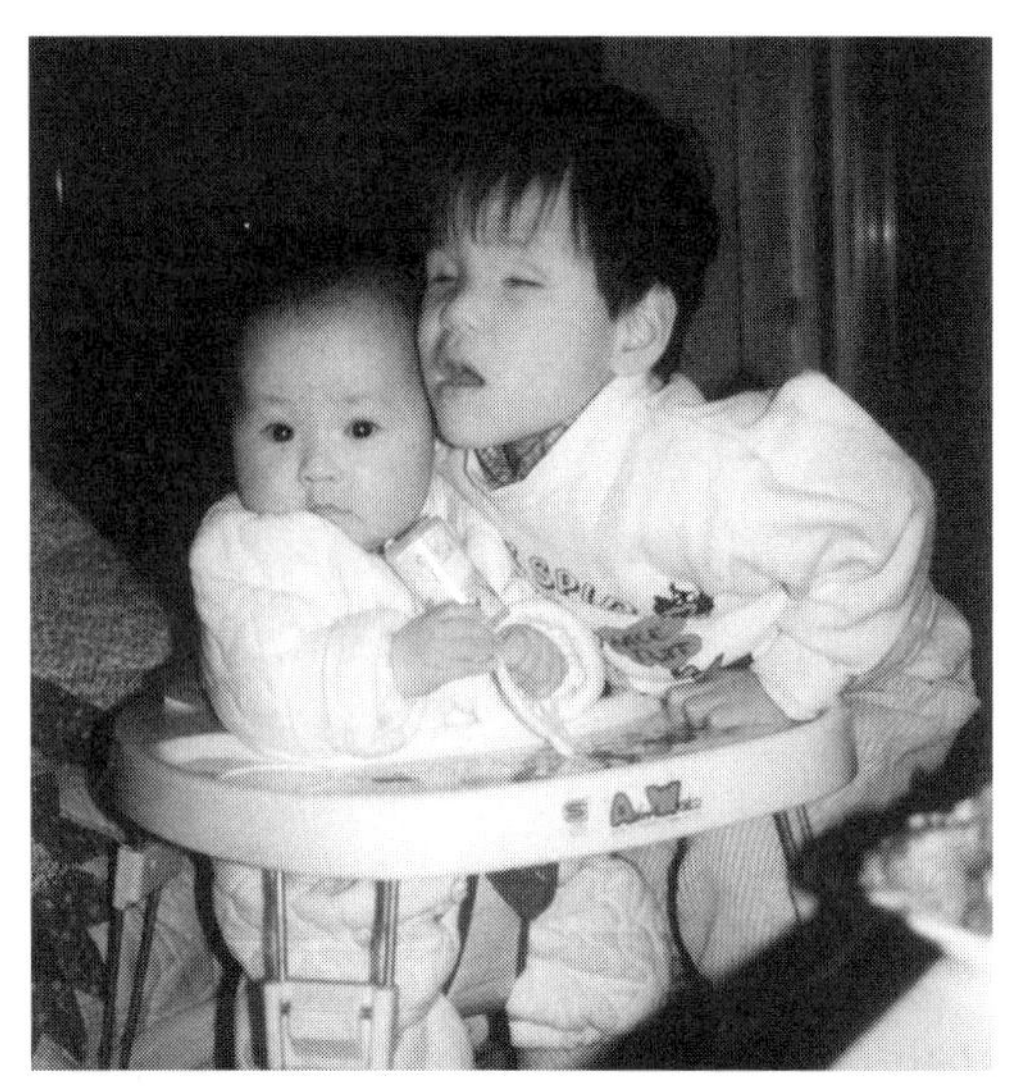

第一章「家族は、僕にとって宝です」

平成2年10月16日、群馬県の渋川で僕は生まれました。

実は双子で生まれて、兄は生後21日で亡くなったのを後で知りました。早産で生まれた未熟児だった影響もあって、重い脳障害を抱えていたのだそうです。

幸い僕は生命の危険はなく、順調に成長したものの、未熟児網膜症のために「全盲」になってしまいました。

そうなった詳しい経緯については、僕は両親からあまり聞いていません。たぶん両親にとっては、兄のことも含めて、思い出したくない辛い記憶もあるでしょう。無理して思い出してもらう必要はありません。

それよりも、僕は今の両親の子供として生まれたのが、とてもラッキーだったって思っているんです。

目が見えなくても甘やかしたりしないで、普通の子と同じように育ててくれた。

これ、なかなかできないことらしいです。だいたいはどうしても過保護になってしまって、何でも親が代わりにやってしまう。だから自分では何もできない、引っ込み思案な子になってしまうみたいです。

僕は違っていました。赤ちゃんのころ、目の見えない子は頭が何かにぶつかるのを怖がって、ハイハイでもなかなか前に進まないらしいのに、僕は平気で前に行ってたし、ぶつかってもケロッとしてたそうです。服を着るのも、箸を持ったりヒモを結ぶのも、それが出来る年齢になったら、母はなるべく自分でできるように鍛えてくれました。

大きくなってから、母は僕に言いました。

「博正に向けられる視線を考えると、お前をずっと家の中に隠したい気持ちになるし、何でもやってあげたくなる。でも、博正はこの社会の中で生きていかないといけないんだから、やれることは自分でやらせ、どんどん外に出さないと、と決めてたんだよ」

おかげで子供のころからキャンプに行ってバーベキューや海水浴をしたり、楽しかったり、おいしかったりした思い出がいっぱいあります。

家族以外の人たちともたくさん交流しました。

中には、「かわいそうに」とか、「見えなくてお気の毒に」という人は必ずいます。そういう時、ウチの両親は決まって「この子は、やれば何でも出来る子なんです」って言ってくれてました。

心の支えでした。

僕自身も、両親の言う通り「何でも出来る子」になってやろうと、決心してました。

母は、幼い僕のために、一生懸命いろいろしゃべってくれました。

「ヒロくん、お空は広くて青いんだよ。そこに白い雲が浮かんでいるんだよ」

「これはタンポポ。お花は黄色くて、種になると白くてふわふわになるんだよ」

もちろん僕には色はわかりません。

でも、母の言葉を聞いていると、だんだんわかってくるんです。それに人と話をするのが、とっても楽しくなっていく。

だから僕は外に出て、人と話をするのが大好きになりました。

きっと僕のいないところでは父も母も、僕のことで辛い思いをしたことも少なくなかったかもしれません。

しかし僕は両親のおかげで、ほとんど偏見とかを感じないで生きてこられました。

だから、ぜひ言いたい。

「お父さん、お母さん、守ってくれてありがとう!」

父は観光バスのドライバーで、バスガイドをしていた母とは職場結婚だったそうです。子供が出来るまで5年以上かかったので、僕と兄の双子が出来たと知った時は、嬉しかったでしょうね。だからこそ、２人とも必死で助けたかったんだろうと思います。

父は、今では渋川市に合併した子持村の出身で、母は沼田市生まれ。両親と僕は、その父の実家に住んでいて、すぐ隣りに父の両親、つまり祖父と祖母も住んでいました。

３つ下の妹もいます。妹は、歩けるようになったら、僕の手をとって誘導してくれるようになりました。やさしいんです。ただ演歌はぜんぜん興味なし。聴きもしません。同じような環境にいても、まったく違うんですね。

小さい時から、身近に音楽がありました。

祖母は日舞をやっていて、ＳＰ、ＬＰのレコードをいっぱい持っていました。だから、ウチから隣りの祖父母の家に行っては、自分でレコードプレーヤーでレコードをかけては聴いてました。

カセットデッキも大好きでした。自分でテープをセットして童謡から演歌まで、いろいろ聴いたんです。

機械いじりが好きで、もう3歳くらいでプレーヤーとカセットデッキの操作は出来るようになりました。だから将来の夢は「電気屋さん」。音と機械いじりが最高の楽しみでした。カラオケ用の8トラも家にあって、おもちゃ代わりでした。

4歳くらいには、家族や親戚とカラオケボックスに行って、機械を持って曲の入力もしてました。もう演歌も唄ってましたね、『命くれない』とか『長良川艶歌』とか。

親には、「そんな歌はやめなさい」と止められたことは一切ありません。

「子供を型にハメたくない。自由に生きてほしい」

両親とも、そういう考えだったみたいです。

父はお人好しで、頼まれたらイヤとはいえないタイプ。母は明るくて、僕がちょっと失敗しても、「しょうがないよ、済んだことは」ってあっけらかんと許してくれるタイプ。

そんな二人の子供だからこそ、僕も家の殻に閉じこもらないで、平気で外に出られる人間になれたんでしょう。

もっとも、割と大ざっぱな両親でしたが、「これだけは守れ」と繰り返し言われたルールがありました。

一つは「ウソは絶対につくな」。人から何かもらって、それを隠して「何ももらってないよ」と一度言ってしまえば、また次にはさらにウソを言い続けなくてはいけなくなる。ウソはつけばつくほど、どんどん大きくなるから、そのうち自分で始末できなくなるよ、と言われました。

そして、もっと繰り返し言われたのが、

「人は一人じゃ生きていけない。ましてお前は人の2倍3倍お世話になるんだから、みんなに感謝して生きるんだよ」

子供心に、すこし悲しかったですね。

自分は、どうあっても他人の世話にならなきゃ生きていけない存在なんだって。

ようやく大人になって、考えが変わってきました。障がい者であろうとなかろうと、誰だって人の世話にならなくては生きてはいけない。たまたま自分は目が見えない分、お世話になる機会は多くなるとしても、あとは変わりない。

自分だけが特別なわけじゃない、と悟ってから気が楽になりました。

きっと生まれた時から今まで、ずっと僕は両親にはたくさんの苦労も掛けたし、心配もさせたでしょう。だから、こう思ってます。

「両親には、たくさんの苦労を背負わせたからこそ、自分で乗り越えられる分の苦労は、ちゃんと自分で乗り越えなくっちゃ」。

Interview

「あの子は、一度も『なんで僕を産んだんだ』とは親を責めなかったです」

清水多美枝（博正の母）

たとえ障がいがあっても、出来るだけフツーに、外に出して育てたいと思ったんです。本人が興味を持ったことも、なるべく止めずに好きにやらせてあげよう、と。

2〜3歳くらいでしょうか、ラジカセは何度も壊されました。テープを入れたら音が出るのが不思議だったんでしょう。テープ回っている最中に開けて、中のテープもひっぱり出しちゃったりしてました。

一人でおとなしく集中して遊んでるかな、と安心してたら、「あ、またラジカセ壊れちゃってる」なんて。

だからいくら壊れてもいいように、なるべく安いラジカセを買うようにしてました。

それで、もう3歳くらいになると、子供用カラオケで唄ったりしていました。最初は『春が来た』とか童謡も唄ってたはずなのに、気が付いたら演歌ばっかり。ウチのおじいちゃんやおばあちゃんが、「ヒロくん、うまい」とホメるから、ますます調子に乗ってしまったんです。


不思議ですね。カセットテープを振ったり、触ったりするだけで、あの子は演歌のテープかどうかわかるらしいんです。

盲学校には1歳から通っていまして、5歳からは月に1回ずつ、地元の一般の幼稚園にも通うようにしました。本人に聞くと、今でもメールのやり取りをしている友達もいるみたい。

家から盲学校までは30キロくらいあって、朝7時半に家を出て毎日車で送っていました。

高学年になってからは、週に1~2日、学校に隣接した寄宿舎に泊まるようになって、中学からは平日は寄宿舎、週末だけ家に戻る生活になりました。

学校では、特に音楽の時間によく注意されていたみたいですね。

あのコ、唄うと「コブシ」が入っちゃうんです。

校歌までコブシきかして唄ったり。

小学校上がったくらいから、まわりの子供が笑ったりすると、ますます「ウケた」気がして、気持ちよかったのかもしれませんね。

「あまり演歌ばかり聴かせるのは、お考え下さい」

やんわりと学校側から注意されたりもしました。

私は止めませんでした。本人が好きでやっているのだから、無理してやめさせることもないでしょう。

おじいちゃんもおばあちゃんも、「ヒロくん」「ヒロくん」と、とてもあのコをかわいがってくれて、あのコもよく祖父母の家に泊まりにいっていました。

おじいちゃんは、幼いあのコの枕元で、よく昔話を聞かせてくれました。浦島太郎と桃太郎の話が混ぜこぜになったりするヘンテコなストーリーなんですけど、あのコはそれが楽しみで仕方なかったみたい。

おばあちゃんは、化粧品のセールスをしているとても社交的な人で、日舞も習っていたから、あのコが聴きたそうなレコードをたくさん持っていましたね。

もう、小学校入ってすぐぐらいには、温泉好きのおじいちゃんが、週末になると近所の日帰り温泉にあのコを連れていくようになったんです。

すぐに人気者になったらしいです。

お年寄りばっかりの中で一人だけ子供で、来てから帰るまで、ずっと宴会場でカラオケ聴いているんですから。そのうち、自分でも唄ったらまわりのお年寄りがみんな喜んでくれて、ますますハマっていったんでしょう。

「ほら、これ食べな」
って持ってきた漬物やおにぎりを食べさせてもらったり、
「あんた、ほんとに歌が上手だねぇ」
とホメられる。いる間、ずっとおしゃべりにも花が咲きます。おじいちゃんにしても、博正を連れていくと、温泉場では必ずみんなが寄ってくるでしょ。それが楽しかったんでしょう。

あの子は人と話をするのが大好きですから、家に帰っても温泉で会ったお年寄りと電話してました。

嬉しいんでしょうね。自分がお年寄りを元気づけているのがわかるし。

盲学校の生徒の中には、親がなるべく家から出さないようなコもいたんですが、私たちはチャンスがあれば、どんどん外に出したかった。

『NHKのど自慢』はずっと本人も出たがってました。ただ高校1年になるまで出られない規則だったんですね。そのうちに出られたらいいね、と言ってるうちに、知り合いの人が応募していてくれて予選会に呼ばれたんです。

まさか合格して、その回のチャンピオンになれるなんて思ってなかったですよ。

しかも翌年にはＮＨＫホールのグランドチャンピオン大会にまで声をかけていただいて。

おばあちゃんが応援団を１００人集めて、バス２台で群馬からやってきたんです。

もちろん、そのうちの１台はウチの主人が運転して。

私はドキドキしっぱなしだったのに、あのコはあっけらかんとしていました。


「緊張しないの？」

「したことないよ〜！」


なんて。でも、本当は多少は緊張はあったと思いますよ。

グランドチャンピオンになってからは、まるで毎日が「お祭り騒ぎ」のようになりました。

休日になると、おじいちゃんの家のリビングも和室も、たくさんの人が集まって入りきれなくなって、外にあふれだしそうになるんです。みーんなお年寄り。博正を囲んでのカラオケ大会になるんですよ。

おじいちゃんもおばあちゃんも、孫が優勝したのを手放しで喜んでました。

とはいえ、博正をプロ歌手にするかどうかについては、ギリギリまで迷いましたね。主人も同じでした。フツーのコでも芸能界は厳しい世界でしょ。そんなところであのコを苦労させていいものかどうか。

ですから、グランドチャンピオンになった後、いくつかのレコード会社からいただいた話は、みんな「考えさせてください」と、ほぼ断っていたんです。

決め手になったのは、やはり弦 哲也先生が直接、ウチにいらっしゃったことでしょうね。

グランドチャンピオン大会の審査員をされていて、あのコの歌を聴かれ、

「ぜひ、僕の曲を唄ってほしい」

とおっしゃっていただいたんです。もともと、おじいちゃんとおばあちゃんは「ぜひやるべきだ」という考えでした。私も主人も「弦先生がそこまでおっしゃるなら」とOKしました。

でもまだ高校1年生でしたから、まずは勉強優先。それで仕事やキャンペーンは、土日か休みの日だけにしてもらったんです。

デビューする時から、障がいのことを言われるのは覚悟していました。「障がいを武器にしている」と言われる以上に「かわいそうね」と同情されるのは、やらせている親が責められているようで、少し辛かったです。

だけど、本人も楽しそうで、周りに迷惑がかからなければ、やったっていいじゃないですか。

目の不自由な子はマッサージ関係の仕事を目指すしかない、って悲しいですよね。確かにマッサージや鍼灸は素晴らしい仕事です。でも、他に選択肢がほとんどないのはかわいそう。可能性があるなら、やらせてあげたい。

私自身も、楽天的なんでしょうね。「どうにかなるさ」ですよ。

デビューして、今まで続いて本人も仕事に打ち込んでる。前は「かわいそう」だった人たちも、今は「がんばれ」に変わってる。

やれば何でもできるんですよ。

高校出たくらいから、市役所の手続きも自分1人でやってきますから。

「自分は大人だし、いつまでも親がついてくるのはおかしい」

ガンコな性格で、一度やると決めたらやり抜くんです。落ち着いて家にはいないで、時間があれば、外に出て歩き回っています。

パソコンでネットサーフィンもしてます。でも、なかなか周りに信じてもらえません。「目が不自由な人間は何もできない」というイメージが強いんですね。

それで障がい者側も委縮したり、逆にまた何をするのも、まわりが手伝うのが当たり前、と傲慢になる人もいます。「身障者には席を譲るのが当たり前」と決めつけて、譲ってもらえなかったら怒りだしたり。

私、そうなってはよくないと思うんです。

博正には、たとえ目の障がいは持っていても、「身障者には席を譲るのが当たり前」と決めつける人間にはなってほしくない。

明るく育ってくれて、歌とも出会ってくれて、親としてあの子には感謝しきれないくらい感謝しています。一番感謝しているのが、

「なんで僕を産んだんだ」

と一度も私たちを責めなかったこと。障がい者の家族で、子が親を責めるのは多い

んです。親にとってはたまらないですよね。
あの子は決して言わなかった。救われました。

清水博正・写真館②

ちょっとおすまし、七五三。

音楽大好きで、カラオケではすでに
演歌を唄いはじめていた。

ピカピカの一年生。

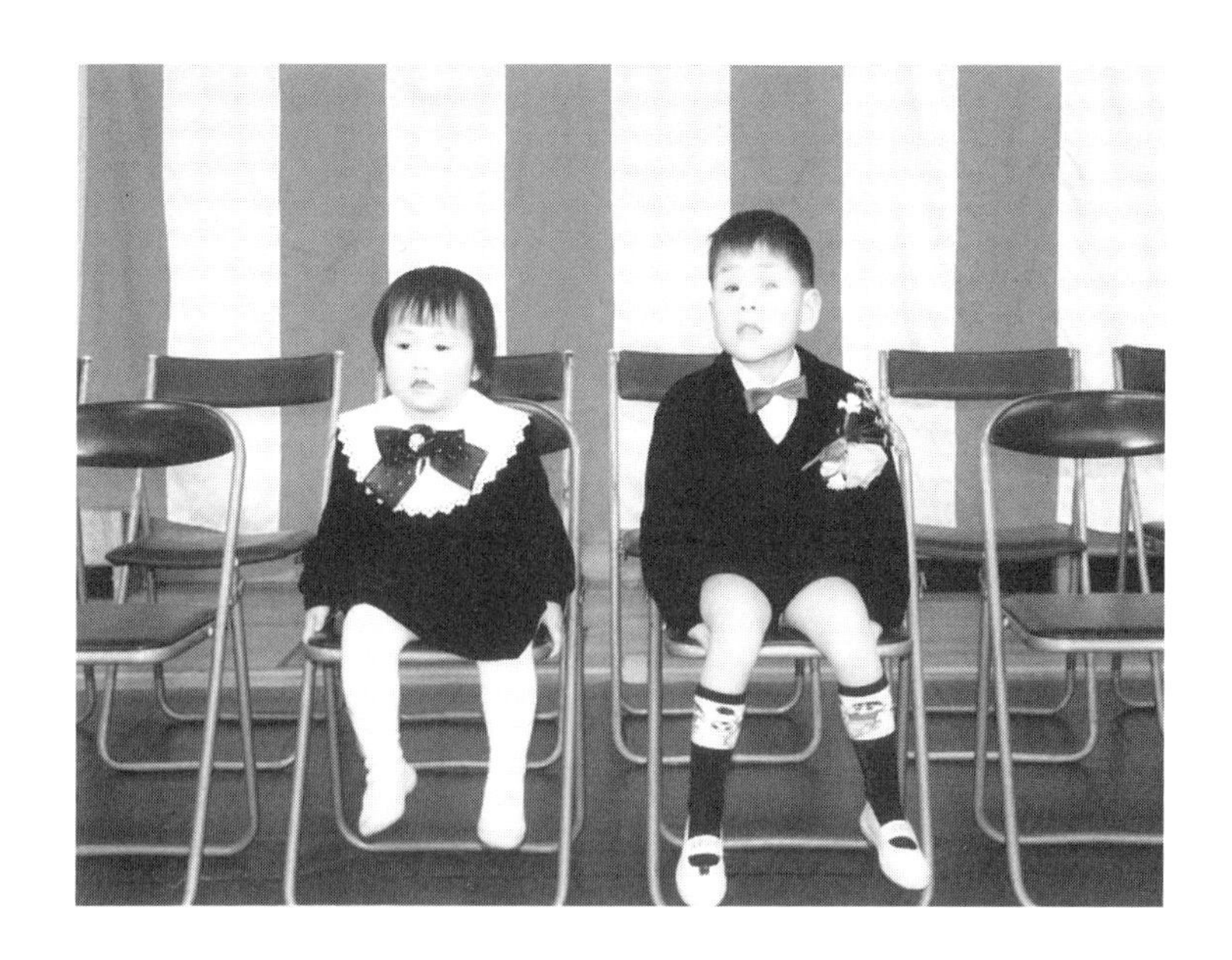

子供の頃から、お祭りは
大好きだった。

ランドセルを背負って
これから登校。

第二章「演歌は、誰が唄ってもウマいんです」

演歌との出会いが、祖母の持っていたレコードやテープだった話は、もうしましたね。日舞をやっていた祖母は踊りのために浪曲の『梅川忠兵衛』とか、『岸壁の母』『瞼の母』というセリフとコブシがきいた曲をよく流していました。僕も2歳か3歳くらいには、

「おばあちゃん、かけるよ〜！」

なんて、レコード係のように、レコードをかけていました。

聴いていて心地よかったんですよねぇ。演歌の音色も、それにコブシ回しが。

尺八や三味線の音色も好きでした。

気が付くと3歳くらいには、演歌ばかり聴くようになっていました。

三橋美智也さんの歌声が特に大好きでしたね。『リンゴ村から』とか、子供心に「いい声してるな」とシビレていました。

ちょうど僕が4歳の年に三橋さんがお亡くなりになって、テレビでも特番をやっていたんです。そこで流れている曲を聴きながら一緒に唄ったのをとてもはっきり覚えています。

村田英雄さんや三波春夫さんの全曲集も、よく聴いていました。

小学校の低学年になると、朝は7時くらいに家を出て、午後3時くらいに帰ってきます。そしたら、夕食前はずっとレコードやカセットテープ聴いてました。それで食事終わると、また聴いて。

オール演歌。童謡にも興味なかったし、J－POPなんてまったく聴かない。

J－POPは、いまだに、曲のどこが始まりでどこが終わりかもよくわからない。

やはり原点は三橋美智也さん。そして、五木ひろしさんから森進一さん、瀬川映子さんや二葉百合子さん等、手当たり次第。

まだ5歳くらいだったでしょうか。幼稚園から、ウチの両親が「あまりに演歌ばかり聴かせるのはやめてほしい」と注意されたらしい。

音楽の時間で、どの曲唄ってもコブシ回っちゃうから（笑）。

親はまごついたでしょう。別に演歌ばかり聴かせているつもりはなかったでしょう。僕の方が好きで、もう演歌なしでは生きていけない体質になっちゃっていました。

両親からは「演歌はやめなさい」とは言われなかったですね。演歌抜きでは、僕の元気がなくなるのをわかっていたから。

テレビ番組の『演歌の花道』も毎週欠かさず聴いていました。日曜夜10時でしょ。親には、

「明日学校なのに、まだ起きてるのか」

とよく怒られましたが、こればかりは譲れません。

ラジオだとNHKの『はつらつスタジオ505』は欠かさなかったし、深夜の『歌うヘッドライト』『走れ歌謡曲』といった番組は、聴きたくて早寝してわざわざ起きてました。

岩本公水さんや水森かおりさんがパーソナリティやられていて、特に目覚まし時計をかけてなくても、起きちゃうんです。演歌体質の体が覚えてる。

両親がカラオケ好きで、生まれてすぐからよく地元のカラオケスナックやボックスに連れてってもらいました。

ただ父は忙しかったので、母と叔母さんたちと行くのが多かったかな。カラオケ操作は僕がやっていたし、4～5歳で『命くれない』とか唄ってました。

そのあとは、近所の「温泉」ですね。

祖父が大の温泉好きで、週末ごとに市営や村営の温泉施設や健康ランドに、小学校一年からくっ付いて行ってました。最初は昭和村の「昭和の湯」でした。

どこにもだいたい大広間があって、そこにカラオケもありました。

「風呂入ってくるぞ」「あいよ」

なんて感じで、祖父が風呂に行っている間は、僕はずっとその大広間で皆さんのカラオケを聴いているんです。


僕は歌の流れている空間そのものが好きなんですね。


お年寄りばっかりだから、歌はもちろん演歌。飽きずに何時間も聴いていて、祖父に
「もういい加減、帰るべ」

とせきたてられたこともありました。

自分も唄いたかったですよ。でも祖父に頼んだのに唄わせてくれませんでした。

「お前が歌詞間違えたら、オレの方が恥ずかしい」

僕の祖父はけっこう「カッコつけ」のところがあるんです。

唄いたいなァ、唄わしてくれないかなァ、とずっと思ってました。

小学校3年の春、とうとう思いが爆発して暴走しちゃいました。

祖父と一緒にある温泉の露天風呂に入っていたんですね。そしたら、すぐそばで戦争の話をしているおじいさんたちがいました。

「ラバウルはツラかったねぇ」「よく生きて帰れたよ」

昔いたラバウルの話だったんです。

僕も『ラバウル小唄』はとても好きな歌で、「あー、このおじいさんたちに聴いてもらいたいなぁ」となったら、いてもたってもいられません。

気が付くと、露天風呂の高めの岩の上に立って、思い切り『ラバウル小唄』を唄っていたんです。

いつの間にか露天風呂全体が『ラバウル小唄』の大合唱。ラバウル帰りのおじいさんたちも、涙を流してくれました。

歌の力ってすごいんだな、と思った最初です。

あとで、僕のことが地元の上毛新聞に載ったのも聞かされました。読者の広場っていうページで、「村営の温泉に、歌でお年寄りを癒す子供がいる」って。

こうなると祖父も、「お前は唄うな」とは言えなくなって、唄うのは公認になりました。

温泉に行くのがさらに楽しくなりました。

群馬だけじゃなくて、栃木の足利、大田原、埼玉の秩父、川口まで足を伸ばしたりするようになったんです。お年寄り向けの福祉施設にも行くようになりました。

週末になると、朝から晩まで唄って帰る。マイクを独占したりはしません。僕が唄うのはせいぜい1日3～4曲くらい。あとは皆さんの歌を聴く。それがとても楽しいんです。

温泉に行くようになって、僕はますます演歌が好きになっていきました。

演歌って、結局「心と心のふれあい」なんですね。この人はウマい、この人はヘタ、とかはとても簡単には決められないんです。その人の生きてきた「人生」がそのまま出てくる。

だから、ぼくはお年寄りの歌はみんなうまいと思う。欠点があるからこそ、

いいところも目立つんです。

優勝を決めるカラオケ大会とかは、僕はあまり出なかったし、カラオケ喫茶なんかで、「よかったかどうか、批評して」と頼まれると困っちゃう。

今は、よくカラオケで何点何点て点数が出たりするでしょ。あれは少なくとも演歌にはそぐわないと思いますよ。

演歌は点数じゃなくて、どれだけ心を伝えられるか、だから。

キーが少しくらいはずれたっていいんです。唄っている人の気持ちが伝わって、人の心を打てるなら。

マニュアル通りに音程を外さずに唄って、少しでも高い点数を取りたいっていうのが、どうも違うんじゃないかという気がするんですよ。

正確に唄ったり、プロっぽく唄うのが果たしてそんなに意味があるのかな、って。

第一、まず楽しみたいでしょ。僕も『NHKのど自慢』にも出て、CDデビューもして、歌で評価されるキビしさも味わいました。

でも、プロじゃなかったらいちいち点数にこだわる必要はないし、自分の思いを正直にぶつければいいんじゃないかな。

これは確か、温泉じゃなくてどこかの発表会でしたが、90歳近いおじいさんが唄い始めたんです。

ちょうど2週間くらい前に長年連れ添ってきた奥さんが亡くなって、ずっと憔悴しきっていたのが、供養でこの歌を唄いたいから、ってやっとのことで出てきたらしい。曲は、まさに夫婦愛を唄った北島三郎さんの『男の涙』。

音程なんてムチャクチャでしたよ。その上、最初の「お前を一人で死なせるものか」という歌詞で感極まっちゃったんでしょうね、舞台上で涙々でついに唄えなくなっちゃった。

ようやくまわりの人たちが手助けして終わりまで行ったんですが、聴いてた僕も胸をしめつけられたし、みんなが感動してるのがよくわかりました。

演歌って、これでいいんじゃないかな。

だからと言って、カラオケ大会を批判しているとか、そういうわけじゃありません。

僕らの周りにも、カラオケ大会で夢を叶えた仲間も少なくありません。

たとえば、京都に住む30代の女性。

「え？　清水くんにも、若い仲間がいるの？」
と思った皆さん。ハイ！　僕にも一応いるんです（笑）。とはいえ、その仲間も演歌好き。お年寄りに比べれば人数は多くないですけどね（笑）。

その仲間はお父さんの影響で、小さい頃から歌が好きな子供でしたが、人前で唄うことは、あまりありませんでした。

初めて人前で唄ったのが30代になってから。お父さんがよく行っているカラオケ喫茶。かなり恥ずかしがりやで、はじめはお客さんに背を向けて唄っていたらしいのですが、ある時、そこのマスターが、その人の人生を変えてくれるのです。

「近くでカラオケの大会があるんだけどさー、出てみない？」

正直どうしようか迷ったらしいのですが、出場してみたところ、なんと入賞。そこからその人の心に火が付きました。

「もっと大きなトロフィーが欲しい。優勝してみたい」

それからは仕事をしながらカラオケの先生のレッスンに通い、数々の大会で、優勝することができました。そしてついに、関西では一番大きな大会の「関西歌謡大賞」でグランドチャンピオンに。

その報告を聞いた瞬間、自分のことのように嬉しくなり、もらい泣きしてしまいました。

なぜなら、その方は、ずっとその大会で優勝することを目標にしてきたから。

カラオケ大会は、夢を叶えられる場所だと、自分は思っています。

それに、自分もカラオケ大会で唄わせていただくことがあるのですが、皆さんの緊張感が伝わって、なぜか『ＮＨＫのど自慢』の時のことを思い出すんです。

温泉施設はお年寄りが多いからって、懐メロばかりじゃないんです。三橋美智也さんや村田英雄さんなどの昔の歌も出る半面、ＣＤが発売されたばかりの新曲とかもけっこう多かった。

施設によって新曲の多いところ、懐メロの多いところ、といろいろでしたね。群馬温泉「やすらぎの湯」みたいに、みんなが舞台に上がってダンス踊っちゃうところもありました。

男女ペアになってジルバを踊ったりして、お年寄り同士がペアの相手の奪い合いで取っ組み合いのケンカになったりすることもたまにありました。

若いですよね～！

歌にはお年寄りを若返らせ、健康にする力もあるのかもしれません。

拡張型心筋症という病気の手術を受けた知り合いの男性は、早く歌が唄いたい一心で体調を整えて、退院した翌々日に温泉に唄いに来てくれました。

「手術して、かえって声の調子がいいよ」

ご本人が言う通り、本当に声が前より良く出ていました。

栃木に、カラオケを主にしたデイサービスセンターがあって、そこで知り合った80代のおじいちゃんもスゴかったですよ。歌が好きで好きでたまらない方で、肺気腫で酸素ボンベが欠かせなかったのに、唄いたい一心でボンベをはずせるところまで回復されたんです。

肺活量だって、普通の人なら10秒は息が続くのに、2秒がせいぜいでした。それが歌の力で肺活量が増えたんです！

北島三郎さんや成世昌平さんの、キーが高い曲をわざわざ選んで練習して、がんばってました。

演歌は聴いても唄っても、人を元気にするんです。

清水博正・写真館③

小学生時代から、祖父との
温泉めぐりは始まっていた。

とにかく、いろいろな乗り物に
チャレンジするのも大好きなのだ。

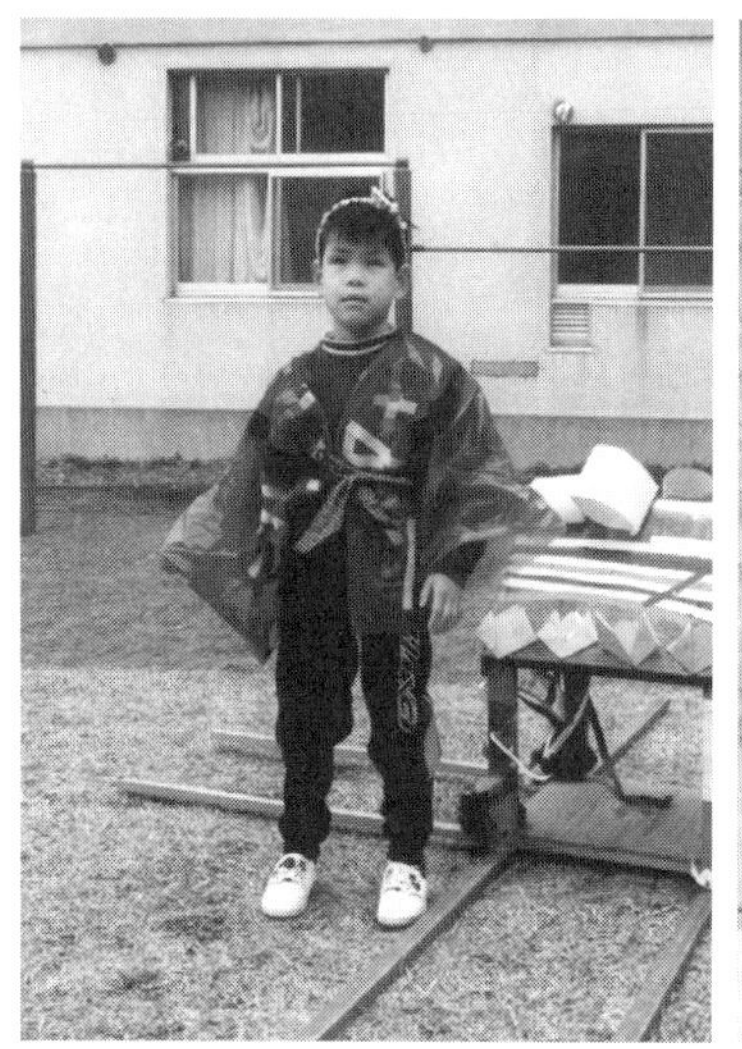

はじめの言葉

7歳くらい。車で母に学校まで
送ってもらっていた。

第三章　「友達のほとんどはお年寄りです」

盲学校は、生徒の人数は少ないんです。

ぼくのいた群馬盲学校では、幼稚園は1クラス3人。小学校も中学校も先生1人に生徒1人のマンツーマン授業でした。だから居眠りもできない。

高校になって、ようやく1クラス4人になりました。

クラスメイトより寄宿舎の仲間と遊んだことの方が多かったです。

小学校では週1〜2回、中学になったら平日は学校が終わったら、寄宿舎に帰って生活をするんです。

寮生は40〜50人くらいいて、そのうち、僕みたいに住み込んでいるのは半分くらいでした。男女は別棟。年齢は小学校の子から、マッサージや鍼灸の勉強をする専攻科に通っている大人の人まで、まちまちでした。

洗濯や掃除も自分たちでやるし、食事を作ったりもします。


同じ棟に住んでる仲間は、みんな「兄弟」でしたね。


食事も1階の食堂で一緒だったし、夏になったら、みんなで流しそうめんやバーベキューをやったりね。

ウチの家族を含めて、寄宿舎の仲間の3家族でキャンプや海水浴に行ったこともありました。だから両親同士も仲良くなったりしてました。

寄宿舎の先生方も、みんな優しかったですね。

僕は、とにかくおしゃべりが大好きなんです。道で犬の吠える声を聞いた、みたいなほんの些細なことでもついついしゃべってしまう。先生たちは嫌がりもせずに僕の話を聞いてくれました。

仲間とも学校で起きた話や食べ物の話、いろんな話題で盛り上がりました。どっちかっていうと、僕が盛り上げ役で、みんなを笑わしたりするのが多かったかな。

ただ一つ、残念というか困ったことがありました。

それはボクが演歌の話をしても、誰もノッてきてくれなかったこと。

しょうがないですよね～！　みんな10代とかでしょう。その年で演歌好きって、なかなかいないですよ。

だから夜の自由時間はラジカセで演歌を聴いたり、寄宿舎の公衆電話で、温泉で出会ったお年寄りの歌仲間とおしゃべりしたりもしてました。ケータイ持つようになったのは、中学の途中くらいかな。

「今度の○○さんの新曲は唄いやすいね」

とか、そういう演歌の話から入って、

「この前、足痛いっていってたけど、治った？」

みたいな体の話なんかしていくうちに、あっという間に何十分もたっちゃうんです。


学校では、「明るいけど、ちょっとヘンな子」と思われてたんじゃないかな。

相変わらず、音楽の時間は苦手でした。小学校のころだったかな、授業参観で7〜8人でたて笛の合奏を披露することになったんです。

先生のピアノに合わせて吹くと、僕だけおかしな音になっちゃう。

コブシがきいて、たて笛が尺八みたいになるんです。

もちろんわざとじゃありません。僕の方では必死にみんなに合わせようと吹いてる。

ところが、もう体が「演歌」になってるから、自然にコブシが回ってしまう。

あとで、授業参観に来た親にも言われました。

「博正が吹いてると、すぐわかる」

先生からすると困った生徒だったかもしれません。

それでも『NHKのど自慢』に出る前、文化祭で3回くらい唄いました。子供が演歌なんて、やめさせられてもおかしくないのに、よく許してくれました。

勉強はあまり得意じゃなかったかな。まだ国語はそう悪くないんです。理数系が苦手でしたね。

味噌づくりの授業とかもあって楽しかったです。

麹や大豆や、原料を買ってきて、発酵して出来上がるまで半年がかり。出来上がると、こんにゃくを買ってきて、味噌田楽を作って食べるんです。先生と僕と他のクラスの仲間とで、「おいしいね」「この次はもっとこうしたいね」なんておしゃべりしながら。

学校や寄宿舎の仲間もいいけど、話しが合うのは演歌が大好きなお年寄りの方になっちゃうかな〜。

今でも電話で話すのは、ほとんど70歳以上の人たちだし。

週末に、祖父と温泉や福祉センターに行く間が待ち遠しくてしょうがなかったなぁ。

カラオケ用の大広間でいい場所とるのに、早めに行かないととれないところもあるんです。それで寒い冬の土曜の朝、祖父と二人で5時に家を出発したこともありました。まだ小学生でした。

6時過ぎには温泉について入口の自動扉の前で待つんです。あれも群馬温泉「やすらぎの湯」でした。

もう2~3時間、ただずっと待ってる。忍耐力がいりました、寒いから。

よく知ってる常連客の人にも声をかけられます。

「また今日も来たんかい」「そうだー」

開場すると、さっそく大広間です。カラオケは11時くらいに始まって、僕も唄う曲を予約します。混んでると、1曲目は11時半なのに、2曲目は午後3時とかになる。

普通でもせいぜい2時間半に1曲回ってくるくらい。

けど、ぜんぜんかまわない。

自分で唄うより、皆さんの歌を聴いたり、話したり、食べたり、お茶を飲んだりする方が好きなくらい。

皆さんは、自分の家で作ってきた食べ物を持ち寄って、大広間に広げてみんなにふるまうんです。

白菜の漬物だとか、こんにゃくの煮つけだとか。それにおむすびも付いていて。

僕も、祖母が作ってくれたおむすびや赤飯を食べたりしながら、皆さんの漬物をつままし てもらう。


「これ、うまいから食べろー」

「どこで取ってきたの？」

「ウチの畑だー。よーく漬かってってから、うまいべ」

なんて。

どこの温泉が気持ちよかった、とか、今度こんなカラオケ発表会がある、とかもよく話してました。

祖父は5回も6回も温泉に入るけど、僕は1回か2回。あとはずっと大広間です。半日はいました。

温泉で会った、あるおばあさんに言われたことがあります。


「あんたは目が見えないから私の話でも聞いてくれる。見えてたら、こんなシワクチャ、相手にしてくれないよ」

へー、そうなー？　と不思議でした。僕からしたら、一緒に漬物を食べながら演歌の話が出来る人こそが「気の置けない仲間」です。J－POP好きで、マクドナルドのハンバーガー食べてる同世代の人とは、逆になかなか話が通じない。

つまり楽しいからおしゃべりしてるだけなんです。

もし目が見えてたら、やっぱり若くてかわいいコの方がよかったのかな。よくわかりません。

見た目はごまかせても、声はごまかせません。本当に僕の歌を喜んでくれているかどうかは、声で分かります。

特に、『岸壁の母』や『母ざんげ』みたいな、セリフ入りの「母モノ」を唄ったりすると、おばあさんたちが涙を流して感激してくれる。

「よかった。ホントによかった」と手を握ってくれたりしました。

僕にとっては、こういうお年寄りの皆さんたちが心の支えにもなっていました。「自分の歌には、皆さんを元気にする力があるんだ」って。

温泉で唄うようになって、どんどん歌仲間の輪が広がっていったんです。

お住まいはみんなバラバラ。群馬だけじゃなくて、栃木も埼玉も、東北や東京の人だっていました。温泉で会って、電話番号の交換をしたら、もう仲間です。

「秩父にいい温泉があるから、行こうよ」

情報が入ると、声を掛け合って集まってくるんです。ウチの祖父は賑やかなのが好きなんで、

「じゃあ、あのインターで待ち合わせよう」

号令かけて、車で集合させちゃう。

長い時は、8時半くらいには近くのインターに集まって、9時半に温泉に着く。カラオケが始まる前に風呂に入ってしまって、11時にカラオケスタートです。たっぷり歌を楽しんで夜8時すぎまでみんなで唄ってから、車で家に帰るのが夜11時になったり。

そのくらいは、よくありました。僕は小学生でも、保護者として祖父が付いていてくれてたんで、いいんです。

あんまり盛り上がりすぎて、とうとう家に帰れなくなっちゃったこともありましたよ。伊香保だったかな、24時間ずっとやってる温泉施設があって、ワイワイ唄っている

うちに夜の10時半になってた。家までそう遠くないし、帰れないわけじゃなかったけど、せっかくの盛り上がりなんで、「この際泊まっていくか」って。

伊香保だけじゃない。沼田や足利でもありました。温泉だけじゃありません。お互いの歌仲間の家に行き来して、そのお宅に泊まったことも何度もあります。中学を出るころには、そんなつながりが３００人くらいになっていました。

みんな、「歌がつないでくれた家族」です。

つまり僕には、両親や、祖父母、妹の「実の家族」と、歌仲間の「歌家族」と、二つの家族があるわけです。

「歌家族」はお年寄りが多いので、毎年、どなたか「旅立って」いかれます。いろいろなお別れがありました。それこそ、亡くなる数時間前まで、電話でお話ししていた人もいるんですよ。

亡くなったおひとりおひとりの声が、全部思い出せるんです。

群馬の一軒家で一人暮らしをしていた70代後半の男性でした。

「しばらく温泉来てないみたいだけど、大丈夫?」「大丈夫、そのうち行くよー」明るく話してくれたのに、2~3日たって電話したらぜんぜん出ないんです。家も知らなかったんで、行けないままになっていて、2カ月くらいたったら電話そのものがつながらない。心配で、知り合いの方に案内されて家に行ってみたら、亡くなられていました。悲しい出来事でした。

最近だと、埼玉に住む92歳の男性もいました。目が不自由で、しかも市営住宅で一人暮らしでした。肺気腫で酸素ボンベをつけていたんですが、「ヒロちゃん、酸素ボンベ、やっととれるようになったよ」と喜んでいたら、電話で話してる最中に突然苦しみだしたんです。僕もビックリして救急車呼んだけど、着いた時には亡くなられていました。

だけど「歌家族」の旅立ちは、笑顔で送り出さなきゃ、と心に決めています。

Interview

「『演歌好きの清水くん』は、まわりみんなの公認でした」

加藤芳枝（群馬盲学校・寄宿舎指導員）

私は、清水くんが小学5年生だった時に、寄宿舎の方に来ました。彼はまだ週に1～2回泊まって、体力作りや歩行の力をつけようとしている段階でした。

ここは、視覚障がいのお子さんたちが、出来るだけ自分で自立した生活を出来るように経験を積んでいく場所です。入浴なども、衣類はすべて自分で脱いで入浴準備をしてもらうし、洗濯した後の物干しも自分でしてもらいます。

当然、最初は職員が指導して、少しずつ本人に任せていくわけです。

清水くんはマイペースなコでしたね。

どちらかといえばスロー。まわりが「もっと早く」と言っても、自分のペースを崩さずにのんびりしてる。でも、着実に進歩してました。

小学生なのに、三味線の練習をしていたのも覚えています。音楽に対する興味は、ずっと強かったんでしょう。

でも、清水くんといえば、やっぱり演歌。

小学生のころから、部屋にラジカセを持ち込んで、テープで演歌を聴いていました。ダブルカセットで、次から次へ。3人部屋なのですが、相部屋の子たちは「しょうがないな」と別室に避難してました。

迷惑とかじゃなくて、もう「演歌好きの清水くん」は、まわりに公認されてました。

「フォークソングやJ－POPは耳障りなんだよな」

って言うんで、「それを好きな人もいるんだから、そういう言い方はよくないよ」

と私がたしなめたこともあります。


寄宿舎の1階ホールに公衆電話があって、まだ小学生の頃でも、夜になるとそこでは必ず清水くんがテレカを操作して、温泉施設で知り合ったお年寄りたちと長電話してました。


電話番号押すのが異常に早いんです。それで、ちょっと会話を聞いていると、

「疲れたんさねー」とか、お年寄りしか言わないような古い言い方で盛り上がってました。


おしゃべりで人を楽しませるのが大好きだったんですね。

責任感は強かったですよ。周囲を気遣うなど優しいところがありました。

高校時代、男子の棟のリーダーになったことがあって、自分の後任のリーダーが手抜きをしていたら、「それじゃだめだ」と注意して助言していました。

自立心も強かったです。

高校からはもう、単独で移動が出来るようになってました。寄宿舎から前橋駅に行ったり、渋川駅に行くバスに乗ったり、どんどん出来るようになっていました。

食事の点字の献立メニューを私が間違えたりすると、「先生、間違えた」って発見して喜んだりもしてました。日常のちょっとしたことでも楽しみのネタを見つけてくる子供でした。

Interview

「風呂場に行く途中も洗面器を持って演歌を唄ってました」

沼賀信男（群馬盲学校・寄宿舎指導員）

私は、彼が中学1年の時にこの寄宿舎に来ましたが、すでに「演歌を唄う子供がいる」という話は聞いて知っていました。

聞きしに勝るでしたね。風呂場に行く途中も、洗面器を持って普通に唄ってるんですから。それも私たちが良く知らないようなマニアックな演歌。

土日に温泉場や老人施設に行って歌を唄っている話もよくしてました。

「この前、お年寄りの施設で、おばあちゃんとハグした」

「温泉場で唄ったら、おひねりもらっちゃった」

と報告してくれるんです。

いつもお年寄りと接してるからでしょうね、しゃべる言葉まで「お年寄り言葉」になっていて、「DVD」は「デーブイデー」でした。「テーブル」は「ちゃぶ台」だし、「シーツ」は「敷布」。

博正は、いつの時代の人間だよ、といいたいくらい。

寒がりで、一人だけ湯たんぽ使ってました。簡単だからと、電子レンジで湯たんぽあたためていたのはいいけれど、操作を間違えて、破裂させちゃったこともありました。

どうにも「年寄り臭い」子供でしたが、それがかえっておかしかったのか、寄宿舎の仲間とも賑やかにやっていました。

やさしいところもあるんですよ。

同部屋の先輩が「のどが痛い」って寝ていたら、

「コンビニ行ってくる」

と言って、のど飴とスポーツドリンク買ってきて、枕元に置いたり。

後輩が慣れない掃除でまごついていたりすると、「あわてなくていいんだよ」と声をかけてあげたり。本人もどちらかといえば、マイペースでのんびりしてましたけど。

デビューしてから、小学生の後輩を連れて、自分のCDが売られている近くのレコード屋に行ったりもしてました。CD売り場で、

「CD、買ってくれる？」

後輩に頼むんです。当然、小学生にそんなおカネはないから、

「買わない」

「そうだよね」

本気で買ってもらいたいわけじゃない。自分のCDが売られてるっていうのを、そ

の後輩に知ってもらうだけで嬉しかったんでしょう。

後輩にとっても、自分の先輩のＣＤがあるのは誇らしかったでしょう。

そもそも、彼という存在は、ずっと後輩たちの励みでもあり続けています。

視覚障がいの子供は、鍼灸、マッサージ関係以外の仕事につくのは依然として難しい現状で、その中で、厳しい歌の世界で今も生き続けている彼は「希望の星」です。

エラいなァ、このまま貫いてほしいなァ、と心底思いますよ。

清水博正・写真館④

両親、祖父母との家族旅行写真。

温泉場で突如唄い出したのをキッカケに、
人前で唄うことが急に増える。

学校ではマジメに勉強!?

いっぱい食べて、
いっぱい遊んだ。

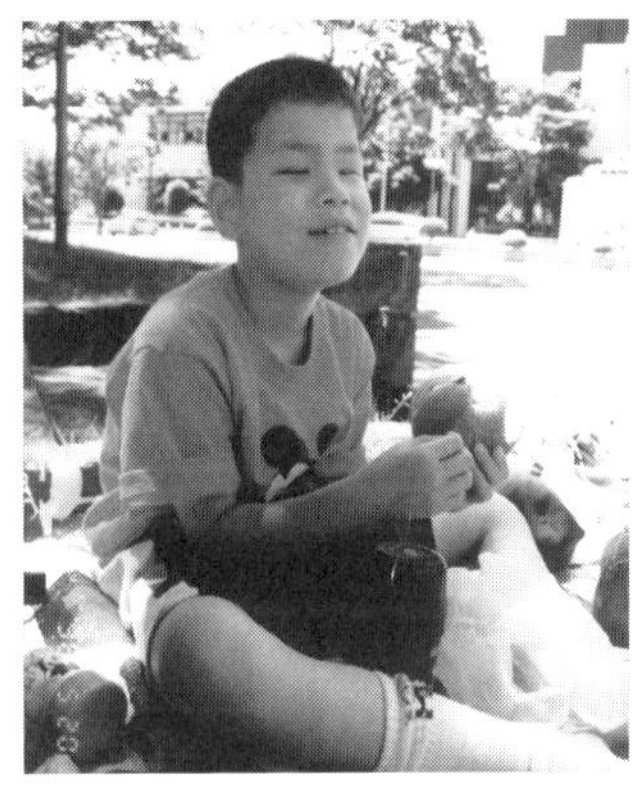

第四章　「『ＮＨＫのど自慢』出演は思い出づくりのつもりでした」

高校1年だった2006年、突然、人生の転機がやってきます。『NHKのど自慢』に出演が決まったのです。

夏休み中の8月10日ごろだったかな。僕は祖父母の家に泊まっていました。休みですから、温泉にも自由に行けます。

「さーて、きょうはどこ行く？」

朝、祖父と相談しているところに、母がやってきました。

「NHKからハガキ来てるよ、『のど自慢』の」

ハガキによると、近々『NHKのど自慢』が地元であって、僕がその予選会に応募していることになっていたんです。しかも丁寧に『雪簾』って応募曲まで書いているらしい。

僕は出した覚えがない。もちろん『NHKのど自慢』には憧れていたけど、応募する勇気はありませんでした。

両親に聞いても祖父母に聞いても、応募はがきは出してないとの答えでした。

『NHKのど自慢』に出す代わりにおカネを振り込め、という新しい振り込め詐欺かな、とも思いました。

でも、だとしたら応募曲まで書いてあるのはおかしいですよね。

これは温泉やカラオケの歌仲間の誰かが応募したんじゃないか、と思ってずっと電話かけまくりですよ。おかげで予定していた温泉行きもキャンセル。

ようやくわかったのが夕方の４時過ぎ。もう２００～３００人に電話をかけてました。

その人は、カラオケ喫茶でちょくちょくお会いしていた60代の男性で、僕の歌を気に入ってくれていました。

「『雪簾』があんたには一番合ってるじゃないかと思ってさ」

と、僕に合いそうな曲まで考えてくれていたんですね。


迷いました。

出たい夢はありました。ただ、合格する自信もないし、失敗して恥かくのもイヤだし。辞退した方がいいのかな、とご先祖様の仏壇の前で１週間くらい考えました。

歌仲間の人たちに相談したんです。そしたら、みんながみんな「出ろ」って。

「一生に一度あるかどうかの機会だぞ」

「オレなんか、何度もハガキ出したけど、予選にも呼ばれない」

「予選落ちしたって、生バンドで唄えるんだからいい思い出になるじゃないか」

僕も生バンドで唄ったのは、小野上温泉の温泉まつりで、櫓の上に乗ってうたったのと、知り合いのおやじバンドの発表会で、そのバンドをバックに唄ったくらい。

プロのバンドをバックに唄えるなら確かに「思い出」になるなーと思い、出ることにしたんです。

ただ、何を着て出たらいいか迷っていたら、さっそく父に言われてしまいました。

「受かるかどうかわからない『NHKのど自慢』のためにスーツは買えないよ」

あくまで冗談ですよ。期待してないから気楽に唄ってきなさい、という励ましの言葉なんです。だって高校生だし、学生服でいいわけですから。

9月9日の土曜日でした。予選会は、本番の前日の土曜日にあるんです。

参加者は250組くらい。群馬県の各地から会場の藤岡市みかぼみらい館に集まってきました。大ホールが予選会場になっていて、小ホールが控室。

たぶん照明の関係もあって、予選会と本番は同じ服じゃないといけない決まりになっていました。

参加者も自分の番までは客席にいたし、見に来ている人も多かったので、千人以上座れる客席はほぼ満員。

予選の参加者は、正午くらいから夕方の6時過ぎまで、休憩もなしにぶっ続けで次々と唄うんです。


歌は1人40秒くらいだったかな。その後、当時、司会だった宮本隆治さんが、ひとりひとりに簡単にインタビューします。

歌の順番は、唄う曲の五十音順でした。だから僕は『雪簾』なんで、一番後ろの方。早めに唄って、最後の結果発表まで待つのは疲れます。だから遅い方がいい。でも正直、客席で２００曲以上聴くのも疲れました。演歌だけならいいのに、半分以上がポップスだったので。

僕の番が来たのが5時過ぎ。最初から「受からない」と思っていたから、そんなに緊張しませんでした。祖母に介添え役で来てもらって、舞台中央で唄い出しました。

驚きました。唄ってる途中に拍手が来たんです。

他の参加者の皆さんにはありませんでした。僕の時だけ。もう、それだけで来た甲斐があったと思いました。「記念になる」と。

6時過ぎに、明日の本番に出る合格者が発表になります。合格者は、番号と名前が呼ばれて客席からステージ上に上がるんです。

僕が呼ばれた時は「エエーーッ!?」っていう感じでしたが、祖母は全く驚いていませんでした。「通ると思ってたよ」とケロッとしてるんです。

合格発表の後は、選ばれた20組が残って、曲のキーの確認がありました。すべて終わって、藤岡からウチまで、車で1時間半の距離を帰ったら、着いたのは夜10時。翌朝は7時半にまた会場集合なので、疲れていてもゆっくり寝てられません。と言っても、興奮して眠るどころじゃなかったんですけど。

祖父がセッカチで、「遅れちゃいかん」と家を出たのが朝の4時。母と祖父母、妹と5人で出発しました。7時半集合なのに、5時半には会場について、車の中でコンビニで買ったおむすびを食べてました。

ようやく開門したのが6時半。7時45分には出場順が教えられて、僕は「6番」でした。

一番アガってたのは祖父です。「お前、間違ったらどうすんだ」と何度も繰り返して。祖母もイライラしてきて、終いには
「もう、うるさいよ！　博正だって、わかってんだから！」

って、口ゲンカになっちゃった。

その点、母はデンとしてました。「がんばんなさい」くらいで、余計なことは言いません。僕も、普段、温泉で唄っているように唄えばいいや、と落ち着いていきました。

この日は収録で、放送そのものは1か月後だったんですが、本番が昼の12時15分から始まるのは生放送と一緒でした。

本番で唄い終わったら、ゲストの堀内孝雄さんがおっしゃったんです。

「すごいな。客席の前の方の皆さんが泣いてる」

長山洋子さんにも、

「すごくステキな歌でしたね」

とホメてもらいました。素直にうれしかったですよ、有名な歌い手の方々にホメていただいて。

でも、もっと嬉しかったのが、僕の歌を喜んでくれる人、泣いてくれる人がいたことです。

あ、これで出た甲斐があった、と思いました。

最後に今回のチャンピオンが発表されて、僕の番号と名前が呼ばれた時も、「エ？ホント？」と驚きが先に立って、すぐに喜びが湧いてこなかったです。

それよりも、祖父の感激っぷりがすごかったですよ。ウチのじいちゃん、涙もろいんです。

「小さいころから、オレが博正をあっちこっち連れてってやって、それでここまで唄えるようになって・・・たまんねぇよ」

泣きじゃくってました。

その通りなんです。祖父が温泉に連れて行ってくれたおかげで、唄うことの楽しさも歌を聴く楽しさも知ったんですから。

収録から放送までの1カ月間は、『NHKのど自慢』のことを祖母がたくさんの人に言いまわってました。化粧品の販売もやっていたので、知り合いが多いんです。

「『ＮＨＫのど自慢』で博正が優勝した」

スピーカーみたいに言い広げてました。電話もするし、直接行くし。渋川から沼田くらいまでは、だいぶ知れ渡ってましたね。ウチのばあちゃん、活発なんです。

放送日の前日は、赤城村の「ユートピア」に行って近所の家に泊まり、放送当日の10月８日の朝には祖父母の家に戻ってきました。『ＮＨＫのど自慢』は、祖父母と、歌仲間３人と一緒に見ました。

もう僕が映っただけで、祖母は「博正が出てる！」と興奮してしまって、唄い終わった時には、歌仲間の3人が「よくがんばったね」って泣いて泣いて・・・。

祖父母は、どっちももらい泣きでした。

『ＮＨＫのど自慢』が放送された後は、よく声をかけられるようになりました。学校でも、コンビニでも、温泉や駅でも、「テレビ出てたよね」って。いきなり学校から駅まで歩いている最中に、「止まりなさい！」と女の人に叫ばれて、何か失礼なことでもしたかなと心配になったら、

「こないだテレビに出てた人よね」

と言われました。もちろん全く知らない人です。

新聞の取材もあったり、あちこちから唄いに来てほしいと誘いもあったり。一番びっくりしたのは、群馬の富士見温泉だったかな、「歌謡ショー」をやってほしいと頼まれちゃったんです。

歌だけじゃなくて、おしゃべりも入れないといけない。それで温泉でしゃべっているような群馬弁をそのまま使ったら、これがウケちゃった。

「きょうは人が多くて、とても賑やかだいのー！」

40分の予定がどんどん伸びてしまって、一緒に来ていた母も、

「お前がこんなに人前でしゃべれるなんて」

と呆気に取られてました。12月には、その年の『NHKのど自慢』の名場面集が放送されて、僕も出演させていただきました。

テレビにも出られて、みんなも喜んでくれて、もうここまで来たら本望、と僕は満足していたのです。

年が明けて2007年の1月15日前後だったでしょう。NHKから電話があって、

３月に行う『ＮＨＫのど自慢』のグランドチャンピオン大会に出てもらえないか、というのです。

とても光栄だとは思ったものの、あまり気は進みませんでした。

まず日にちです。生放送の本番が土曜日で、出場者は金曜日の朝には東京のＮＨＫホールに入らなくてはいけないのです。両親も、

「お前はまだ高校生。本分は歌より勉強。学校は休むな」

と言われていたし。それに、こうも言っていました。

「博正を、目が見えない障がい者という観点で呼ぶなら、出したくない。同情をかうつもりはない」

ところが、調べてみると、３月の本番の週は、高校も入学試験で木曜金曜が休み。わざわざ休みを取らなくても大丈夫なことが分かったのです。

それに、ＮＨＫの方は、

「障がいという以前に、博正くんの歌に感動された方が多いのです。ぜひまた聴きたいという問い合わせがたくさん来ています」

両親も、「そういうことなら」と受けて、出演が決まったのです。

３月10日でした。

祖父母は、バス２台で、応援団を引き連れて群馬から本番当日にやってきました。

僕は、本番前日に行って、音合わせして、ホテルに泊まりました。他の出演者の皆さんの歌も聴きましたが、「これでシロート？」と思うくらい、とにかくウマい方ばっかり。

当日は11時くらいからカメラリハーサルがあって、本番までの間は、付き添ってくれた母とだけしか話ができません。あっさりしたもんですよ、母は。

「がんばってね」

いつもこんな感じなんです。

僕の応援団は１００人ですから、客席で一番目立ってました。僕の家の前の葬儀屋さんで「清水博正がんばれ！」の横断幕も作ってもらいました。

順番は、また「６番」。もちろん緊張しました。ただ僕の紹介ＶＴＲが流れて、終わって曲のイントロが始まった時、スーッと緊張が解けました。

なぜか歌の途中で拍手が来たんです。

３０００人の拍手は生まれて初めての体験でした。拍手の音というより、滝に打たれている感じ。

唄いきった後に、また緊張が戻ってきました。

審査員の弦 哲也先生や、たかたかし先生にもお褒めの言葉をいただき、僕はもう、「すべて唄いきったし、あとは帰って思い出にひたればいい」の気持ちでした。

テレビカメラは、２階席にいる祖父母の姿を何度か映していたみたいでした。

そして、最終発表で、まさかのグランドチャンピオン！

人間、喜びと驚きが入り混じると、フワッと体が宙に浮いた感じになるのですね。

夢みたいでした。

祖父母が泣くのはわかってたけど、いつもは冷静な母まで泣いていたのは意外でした。

本番終了後に、会議室で審査員やゲストの方もいらっしゃる打ち上げに参加させていただいて、帰りは応援団の皆さんと一緒のバスでした。

バスの中では祝福されまくって、「みんな、ありがとねー！」と何回お礼したことか。それからはもうカラオケ大会です。

2台だったので、途中のサービスエリアでバスを移って、また「ありがとねー!」です。

群馬の家についたら、パソコンは「おめでとう」メールで溢れていました。疲れていたし、その晩はひとまず寝て、翌朝、祖父母の家に行くと、その日の夜中はお祝いの電話がひっきりなしだったそうです。夜中の12時半から朝の8時まで、電話が鳴りやまなくて、それを受けるだけでクタクタになっちゃったらしい。

Interview

「客席のお客さんが泣くなんて、他に見たことがありませんでした」

大西健太郎（元『NHKのど自慢』ディレクター）

僕は、清水くんが最初に出た群馬の『NHKのど自慢』では、フロアディレクターとして、出場者の誘導をするなど舞台進行を担当していました。

当然、前日の予選会から参加していたわけですが、清水くんの場合、もう唄い始めの瞬間から、「この人、違う!」と誰もが感じたでしょう。

歌が上手いとかそのレベルではなくて、そのまま心に直球が突き刺さる感じ。

会場の雰囲気も明らかに変わりました。「目が不自由」とかそういうのとは関係がないんです。「スゴい歌だね」のあとに、「そういえばこの人は目が不自由なんだ」と気付くくらい。

本番の日は午前中からリハーサルです。ゲストの方には、コメントを考えていただく意味もあって、スケジュールが許す限り、前もってリハを見ていただきます。

その日のゲストの堀内孝雄さんも、リハを見ていただいたのですが、「スゴイね、彼は」と圧倒されてました。目が潤んでたかもしれません。

本番で改めて彼の歌を聴き、その姿を見て、落ち着いて堂々とした佇まいにも驚かされました。「手あかのついたプロっぽさ」とは違うんです。新鮮なのに、どこか見ている人を離さない何かがある。

彼が唄ったあと、堀内さんは、

「前の列の方が沢山泣いてます」

とコメントして、カメラでも撮りました。あんなにお客さんが泣いているのは、見たことなかったです。

「歌の力」ですよ。決して身障者の方への同情の涙ではないです。

翌年のチャンピオン大会は、僕はチーフディレクターだったため、副調整室でカメラ越しで出演者のステージを見ていました。
清水くんの場合、『雪簾』とタイトルを言うところから、すでに自分の世界に引き込んでいくんですね。歌を愛している「想い」が、タイトルの一言からもうにじみ出てくる。
審査は審査員の皆さんがやるため、僕らは審査結果は一切かかわりません。ただ、疑問の余地はありませんでした。審査委員長の湯川れい子さんが、清水くんをグランドチャンピオンに決めたことは
「今回は全く迷いませんでした。満場一致でした」

とおっしゃったのに、まさに同感でした。

ですから、CDデビューした時は『NHKのど自慢』班あげて喜びました。

清水くんは、たぶん世の中の人たちに歌を伝えるよう「運命づけられた人」じゃないですかね。「歌人（うたびと）」として生まれてきたっていうのか。

その運命を全うしてほしいですね。

清水博正・写真館⑤

中学校卒業。母と喜びあう。

高校時代にCDデビューを果たす。

全大音協

清水博正くん
歌手デビューおめでとう
グループホーム
太田サンフラワー

ハンドマイクではないスタジオ収録。
デビュー当時はとても違和感があった。

第五章　「自分が一番迷ったのは、デビューするかどうかでした」

グランドチャンピオンにさせていただいたと同時に、いっぺんにいろいろなことがありました。

老人ホームや温泉施設、おまつりなどのイベントに「ぜひ来てほしい」という話が、まずたくさん来ました。

たくさんの応援やお手紙も届きました。チャンピオン大会の数日後、寄宿舎の方に家から、

「NHKから郵便が来てるけど、開けていい?」

と連絡があって、開けてもらったら、数多くの手紙でした。

「あなたの歌が、生きる勇気を与えてくれた」

そういう文面が多かったようでした。

祖母が、僕に読んで聞かせようとしてくれたけど、目が疲れてなかなか読めません。両親や、家族も協力してくれて、読んでくれました。

テープで吹き込んで送ってくれた方も少なくありません。

声を聞いて、最も心動かされたのは、泣きながら告白をされていた富山に住む女性でした。3年前にご主人を亡くし、2年前に事故で息子さんを亡くし、生きる気力も

なくなって睡眠薬自殺もはかろうとしたらしい。それが、僕のチャンピオン大会での歌を聴いて、「やっぱり生きていこう」と考え直してくれたそうです。

とても他人事ではありませんでした。

僕だって、生きていて楽しいことばかりではありません。やりたくても、なかなかできないことは多いし、辛い経験だっていろいろあります。

チャンピオンになれた後でも、

「賞がとれたのも、目が見えなくて、ちょっと変わってたからだろ。どうせイロモノで、長続きなんてしない。チヤホヤされて図に乗ってんじゃないよ」

そんな陰口が、自然と僕の方にも伝わってきます。

注目されるようになって、そういう声も大きくなった気がする。

ですから、いただいた手紙やメッセージテープは、僕にとって「救い」だったんです。

想像もしていなかったプレゼントも届きました。

チャンピオン大会の２週間後くらいだったでしょうか。ＮＨＫから郵便物がまた来たので、開けてみたんです。すると、僕が大会で唄った『雪簾』の元々の歌い手さんの神野美伽さんからのものだったんです。

中に、『雪簾』を収録したアルバムと一緒に、ご本人からのメッセージテープも入っていました。


「清水博正くん。頑張ってね。感動しました」


こちらこそ大感激でした。ご本人の持ち歌を唄わせていただいた上に、ここまでしていただいて。

その後、9月、僕がCDデビューする前に地元の渋川でコンサートを開いたときにも、神野さんはわざわざ足を運ばれて、「よかったわよ」と声をかけていただきました。

デビュー後の初舞台になったNHK『歌謡コンサート』でも、ステージ上で神野さんにマイクまで誘導していただいたんです。

心の広い方だなァ、とつくづく思いました。

NHKを通して、レコード会社からCDデビューのお話はいくつかいただきました。

正直、僕はなれるものなら歌い手になりたかったですよ。でもねぇ、僕だって、歌の道で成功するのが難しいのはわかっていました。

目が見えない人で、歌い手としてやっていけている人はほとんどいません。演歌の世界でいうと『奥飛騨慕情』の竜鉄也さんくらいでしょうか。群馬にも、マッサージの仕事をしながらCDを出している方はいましたが、あくまで「兼業歌手」です。

歌い手としてだけで、一生食べていけるか？　と考えれば、まず無理でしょう。

それにたとえ歌の歌詞は覚えられたとしても、コンサートに出れば周りの沢山の人に迷惑をかけてしまう。誰かに介添えしてもらわなくてはステージに立てないし、自由に動き回ったりもできない。ステージに僕が出ることで、登場退場に2倍、3倍の時間もかかるから、共演者の人たちにも迷惑をかけてしまう。

誘導してもらう時、ステージから突き落とされるんじゃないか、という恐怖心もありました。芸能界は何が起こるかわからないらしいし。

その点、しっかり勉強して鍼灸やマッサージの資格を取る方が、まだ安心なんじゃないか？「唄うマッサージ師」の道もあるわけですから。

しかも当時、僕はまだ高校1年でした。両親は、ちゃんと高校は卒業するのを望んでいましたし、僕もそのつもりでした。

だから断り続けました。

ところがテイチクさんだけがちょっと違っていたのです。

それまでは「歌い手になりませんか?」だったのが、テイチクさんは「まず、お会いしたい」だったのです。

「会うだけならいいですよー」と言ってしまいました。

まさかのまさかでした。

僕は当然、テイチクの方だけ来るものだと思っていたんです。

ところが、テイチクのディレクターの方と一緒に、チャンピオン大会で審査員だった弦 哲也先生までいらっしゃったんです。

わざわざ渋川の家に弦先生まで、と両親も祖父母も慌ててしまいました。

その上、弦先生が

「是非、僕の曲を清水くんに唄ってほしい」

感激です。そこまで気に入っていただけるだけで。

しかし、不安はなくなりませんでした。だから一度はお断りしました。

後で、祖父母には思い切り怒られました。祖父は顔を真っ赤にして、

「人にはチャンスは3度しかない。なんでそのチャンスをモノにしないんだ」

どうして「3度」なのかは今でもよくわからないんですけど(笑)。

父は反論してました。

「一生歌で喰っていけるかわからない。じいちゃんがうぬぼれててどうすんだ！『NHKのど自慢』でチャンピオンになったくらいで一生やっていけるような簡単な世界じゃないぞ」

家族の中でさえ、意見が分かれてました。

歌仲間にも電話で相談しました。「乗り掛かった舟だから、やってみろ」が多かったですが、中には「芸能界は泥沼だっていうし、あんたには無理だべ」という意見もありました。

僕の気持ちが動いたのは、2週間くらいして、改めて弦先生からお電話をいただいたからです。

「どうしても歌い手になってほしい」

こうもおっしゃいました。

「清水くん、おカネや土地って大事でしょ？　おカネや土地はね、財産。でもね、清水くんには、声という一つの大きな財産がある。僕は、その声という財産を、皆さんに分けてあげたいんだ。歌い手になろう。そして清水くんの築いてきた財産をみんなに与えてあげてほしい」

先生にそこまで説得していただいて、やるしかないと思いました。

自殺を思いとどまった富山の方のテープや、わざわざアルバムとメッセージを送っていただいた神野美伽さんや、僕の歌で勇気づけられたと手紙をいただいたたくさんの人たちも、後押ししてくれたのでしょう。

「やる」と決めて、家族にも話したら、両親もすんなり認めてくれました。

盲学校では、すでに小中学校の時に、「職業体験」があるんです。マッサージの現場に行って、どんな仕事をするか実際に知っておくというような。

僕は、別にマッサージの仕事はイヤではなかったですが、「キミにはこの仕事しかないんだよ」と押し付けられるのは、正直、イヤでした。

もっと他にも道はあるんじゃないか、自分の進路は自分で決めてもいいんじゃないか。

両親も、そこはわかってくれていました。

父は観光バスの運転手なので、よく地元の温泉旅館に、お客さんの送迎で行ったりもしたのですね。そこで、しばしば目の不自由なマッサージ師の方と語り合ったりもしています。自分の息子も目が不自由だと言うと、向こうも心を開いてくれて、こんな話をしてくれたのだそうです。

「近頃は、目が見える同業者も増えて、お客さんは私みたいな全盲をなかなか指名してくれないんですよ」

目が見えない人を見慣れてないからでしょうか。

こういうことを耳にしているのもあって、僕が歌手になる時、最初は反対した父も、割合すんなり認めてくれたのかもしれません。

学校のない土日だけ、弦先生の事務所にレッスンに通うことにしたのです。東京の北区というところでした。チャンピオン大会から2カ月ほどたった5月のことでした。さっそくレッスンが始まると同時に7月20日にレコーディングするのも決まりました。曲はもう出来ていました。『雨恋々』です。

しかし高校1年は、まだ子供なんですねぇ。迷いが起きてしまった。

このままデビューしたからって、果たしてうまくいくのか？　CDを1枚だけ出して、もうお前はいい、と見捨てられてしまうのじゃないか？　みんなの「笑いもの」になってしまうんじゃないか？　疑心暗鬼でした。もうこれじゃやってられないな、と。

「やっぱり、やめる」と両親、祖父母に言った途端、最初はデビューに反対していた父に、今までなかったくらいに怒られました。

「じゃあ、なんであのとき、断らなかったんだ！」

あんなに真剣に怒った父の声も、今まで聞いたことはありませんでした。

「ここまできて、それはダメだ！　たとえ一作品でもいい。あそこまでおっしゃってくれた弦先生の歌だけは唄わせてもらえ！」

母も、もちろん祖父母も父と同じ気持ちだったのでしょう。僕は、2度と「やめる」なんて言えなくなってしまいました。

レコーディングは何もかも初めての体験です。

そもそもマイクを持たないで唄うのがはじめてで、どうも不安になって、何度も「マイクを持たせてください」って頼んでしまいました。

しかも、ボーカルを録るボックスの中は僕一人だけ。

「すぐ隣のスタジオにみんなはいて、清水くんのことは見えてるんだよ」

と言われても、どうもピンときませんでした。

録音時間は2時間。初めてのレコーディングでは、異常な早さだったそうです。1回唄ったところで弦先生が涙をこぼされて、

「おじさん泣かすんじゃないよ」

とホメていただきました。

もうレコーディングもしたし、自分の財産が築けたから、あとはどうなってもいいや、という心境でしたね。

ほんとに、いろんな方から激励の言葉をもらいました。特に、僕と同じ目の見えない皆さんからの声は、励みになりました。草津に住む盲学校の先輩からは、

「ヒロくん。オレ、マッサージで頑張ってる。ヒロくんの話題はうんと出る。応援してるよ」

と連絡がありましたし、ネットのスカイプでも、目の見えない人からもたくさんの励ましの声をいただきました。

意外な方からも連絡いただきました。何とあの『奥飛騨慕情』の竜鉄也さんの後輩だったという人でした。竜さんも『NHKのど自慢』の僕の歌は聴いていただいていて、「目の不自由なもの同士として、ぜひ応援したい」とメッセージをいただきました。

僕の通った盲学校には、指圧やマッサージ用の治療室があって、外部の人たちが生徒の施術を受けにこられるようになっています。そこに通ってくる近所のおばちゃんたちからも、

「清水さんじゃない！　応援してるわよ！」

とよく声をかけられるようになりました。

Interview

「清水くんのコブシには、日本伝統の浪曲や民謡だけじゃない、独特のプラスアルファがあるんです」

弦 哲也（作曲家）

衝撃的でしたね。雷に打たれた心地でした。

『のど自慢』のグランドチャンピオン大会で、審査員として彼の歌を聴いた時、身体から発散されるそのエネルギーにも圧倒されました。

その日、家に帰っても彼の声が頭を離れなくて、興奮で眠れないんですよ。すると夜遅く、やはり審査員だった、たか(たかし)さんから電話が来たんです。

「彼の歌聴いて、眠れなくなっちゃった」

思いは同じだったんですね。「彼の歌を作ろうよ」「やろうやろう」ですぐに話はまとまりました。

目が不自由だったというのは、直接は関係ないです。まず彼の歌に心奪われたんです。


それで、テイチクのディレクターと一緒に、彼の群馬の家に行きました。

「もしプロになるつもりがあるなら、情熱を持って曲を作りたい」

説得しました。わざわざデビュー前の新人の家を訪ねるなんて、僕にとって初めてです。それくらい彼には唄ってほしかった。いますぐにでも、何百何千万の歌好きに彼の歌を聴かせたかった。

行ってよかったですね。彼が「ヒロくん」と呼ばれて、家族はもちろん周囲の人たちにも愛されて、歌でみんなを楽しませているのがよくわかりました。

「だったら、もっと多くの人たちをキミの歌声で喜ばせて、生きるって素晴らしいな、と思わせればいいじゃないか」

と清水くんに言った記憶があります。

デビューが決まり、月1回の割合で私の東京・北区の事務所にレッスンに来たのですが、最初はご両親も付き添って来られたのが、3回目くらいからは1人で来るようになりました。

歌唱指導といっても、「こういうふうに唄って欲しい」とほとんどアドバイスはしなかったです。せっかくの彼のオリジナリティをどう生かすべきか、そちらの方を考えていました。

あの彼にしか出せない歌声はイジリようがありません。

コブシが独特なんです。普通、演歌歌手のコブシといえば浪曲や民謡といった、日本の伝統芸能の流れに連なったものです。ところが清水くんのコブシは、さらにプラスアルファがついてる。モンゴルのオルティンドーや韓国のパンソリの要素まで入っているんじゃないかと思うくらい。

デビュー曲の『雨恋々』は、大人の恋歌です。まだ16歳の高校生だった清水くんが唄うのは、本来ならばそぐわない。成熟した30代40代の歌手が唄うべきです。

でも、僕はまったく心配しませんでした。

その歌声でもわかる通り、彼はフツーの16歳じゃない。おそらく喜びも悲しみ、苦しみ、人生の大切さも含めて、フツーの人の3倍は「経験値」を持っているのだろうと感じたんです。だから『雨恋々』も唄いこなせるだろう、と。

期待どおりでした。

それからは、彼とは何度か一緒に旅もしています。地方公演に応援に行ったり、リサイタルに呼ばれて僕も出演したりもしました。

「同じ海でも、太平洋と日本海は違うんだよ」

そう言って、彼を両方の海に連れ出したこともありました。彼は、すぐにその匂いの違いを感じ取るんです。

僕は水際に転がっている石を拾って彼に触らせ、さらに両方の違いを知ってもらいました。どちらかというと波の穏やかな太平洋の石はゴツゴツしていて、波の荒い日本海の石は、その波に削られて丸くなっているんです。

彼は「海」を実感してとても喜んでくれましたね。

もっとも、コンサートの楽屋では、いつも「歌」ばかり。私がギターを持って、田端義夫さんや三橋美智也さんといった昔の歌い手さんの曲を弾こうとするでしょ。するとイントロで、もう清水くんは「あれですね」と曲名が出てきて、唄い始める。まるで「ナツメロ百科事典」のようなものです。

これが僕も嬉しいんですよ。僕だってスタートは「歌謡曲大好き少年」だったわけですし。いわば「同志」。

とはいえ、彼を見ていると、いつも体の中に歌ばかりが詰まっている感じなのが、すこし気になりますね。時にはそこを空っぽにして、歌以外の何かを詰めた方がいいのではないか、と。

大きく変わる必要はない。「等身大」でいけばいいんです。ただ、歌以外にも講演活動で全国を回ってみるとか、いろいろチャレンジしてみるのもいいのではないかな。

僕は、

「彼は日本の音楽の歴史に名前が残せる歌手になるだろう」

と信じています。また、周囲はそうさせなきゃいけない。まだまだ完成はしていない。これからです。あの稀有な歌声をより多くの人たちに届けなくてはいけない。

Interview

「彼の声を聴いて、無性に暗く哀しい歌をつくりたくなったんです」

たか たかし（作詞家）

グランドチャンピオン大会での審査は、満場一致でした。「彼しかいないだろう」と。僕も「面白い歌い手が出てきたな」とすぐに感じました。

それで、帰りの車の中で、なんとなく気持ちがザワザワしてきて、すぐにフレーズを書き留めていったのです。タイトルは『薄氷（うすごおり）』でした。底辺に押し流されても懸命に生きていく女性のイメージでした。

すぐにワンコーラス出来てしまいました。ああ、これを清水くんのあの歌声で唄ってほしいな、と。

さっそく弦（哲也）ちゃんに電話したら、「詞をファックスで送ってよ」と、もうやる気になっている。

テイチクのディレクターにも話をしました。打ち合わせの中で、より清水くんの個性を生かすにはどうしたらいいか、という議論になって、最初の『薄氷』から、デビュー曲の『雨恋々』に変わっていったのですが、哀しい一人の人間の生き様を描きたい点では一貫しています。

僕は、まず彼の声を聴いて、無性に暗く、「哀しい」歌を作りたくなった。

彼はモノが見えない。だとしたら僕らに見えないモノが見えているのではないか？

では、たとえば「雨」という言葉に何を感じるのか？　夜、路地裏の一杯飲み屋に佇む幸薄い女性をどう表現してくれるのか？

世の中にはどうしても歌い手になりたい志願者はいっぱいいます。そういう人たちの考え方や表現の仕方は、だいたい想像がつきます。でも、清水くんは予想もつかなかった。

そこに興奮したのです。

『雨恋々』のアタマの出。あそこの声で、見事に期待に応えてくれたのがわかりました。

独特の表現力でしたね。

レコーディングで実際に彼と話をして、正直、「エ？　こんなに明るかったのか」と驚きました。

一目で、幸せな家庭に育ったのがよくわかる。『雨恋々』の中にある暗さとはかけ離れていた。本人も、

「おじいちゃんもおばあちゃんも、みんなかわいがってくれて、僕は幸せ者です」

彼の持っている世界は『雨恋々』とはまったく違っていたんです。でも、僕にとっては書きたい世界があった。それで『雨恋々』が出た年の忘年会で、こう言った記憶があります。

「僕は、清水くんのために、暗い歌を書いていきたい」

彼の日常とはまったく別でもいいんじゃないか。

もちろん一方に、「ふるさともの」の演歌があってもいいんです。ただ、僕としては、せっかくの彼の素材を生かした、独特の世界を表現してほしい。

僕は「書きたいものを書きたい」。だから、清水博正には、やはり「暗い歌」を作りたい。

それで、清水くんの10周年記念曲の歌を作ることになって、

「1曲は好きなものをやらせてくれ」

と言ってみたら、テイチクの方は「お任せします」との答えでした。

それで書いたのが『小窓の女』です。この曲にじぶんの彼に対する思いを入れたつもりだし、そこはズレていないはずです。

普段の彼の明るさは、それはそれでいい。でも、彼にはこう言いました。

「キミには、キミにしか唄えない歌があるはずだよ」

彼は、とっても細かい神経を持っている人だと思う。図太い強さもある。もちろん自分の持っている障がいに対する思いもあるでしょう。

彼とはまた、じっくりいろいろ語り合ってみたいですね。

清水博正・写真館⑥

盲学校をついに卒業。

歌手活動をしながら、
高校生活もエンジョイする。

そして、清水博正は「大人」になった。

第六章　「デビュー後は1年1年が奇跡だったと思っています」

デビューしてからも、高校に通っている間は、それほど生活は変わりませんでした。卒業してから、日本全国、いろんなところに行くようになりました。関東から西の愛知、大阪、九州にも行きました。

２０１２年に『石北峠』を出してからは北海道に行くことも増えました。ＳＴＶラジオにレギュラーで呼んでいただくようにもなりました。

お会いする人の数がいっぺんに変わりました。

名古屋のコンサートに来てくれた翌日に群馬のイベントにも来てくれた目の不自由な愛知のおばあちゃん、前の日まで入院していたのに僕のコンサートにわざわざ来てくれたおじいちゃん・・・いろんな人が応援してくれます。

ただ、デビューしたばかりの頃は、ちゃんとサインできないのが辛かったですね。

あるキャンペーン先で、５～６歳くらいのコが来てくれていて、おじいちゃん、おばあちゃんと僕のＣＤを買ってくれたんです。

それで、その子が「サインください」と僕の前に来ました。

「ごめんねー。うまく書けないんだよー」

申し訳なかったですね。おばあちゃんが横で、「しょうがないでしょ。見えないいんだから」と言ってる声も聞こえました。

それで、前もって何度も練習して書いた『博正』の文字をハンコにしていただいたので、そのハンコを押した色紙を準備して、それを配りながら握手するようにしたんです。

写真を撮っていただく時も、「ほら、こっち向いて」と言われてまごつくことがありました。「こっち」がよくわからないのです。そんな時も「しょうがないよ。目が見えないんだから」と慰められたりすると、ちょっとショックでした。

でも、最近はほとんど言われなくなりました。

それだけ僕のことや、目の不自由な人のことを理解してもらえるようになったのかな。

歌い手の皆さんには、とても助けられました。いろんな方に「困ったことがあったら言って」と声をかけてもらったり、メールや電話ももらったりして。

歌の世界に入る前には、歌い手はみんなライバルだから、ステージから突き落とされるんじゃないか、なんて心配していたのが、と〜んでもない！

ステージの上で手を引いてくれるだけでなしに、階段の手すりをさわらせてくれたり。

楽屋は階段がとても多いんです。手すりをさわらせてくれるだけで、すごくホッとします。

しかも皆さん、「やってあげてる」じゃなくて、ごく自然にやってくれるのが嬉しい。一緒に食事をして「料理とってあげよう」と言ってくれる人もいました。

「大丈夫?」

と一声かけてくれるだけでありがたいんです。

僕のように目が見えない人間は、目の前の人には話しかけづらいんです。「台本読んだりしてるかもしれない」「邪魔しちゃいけない」と気を遣うんですね。

仕事の波はありました。

2枚目の『忘戀(ぼうれん)情歌』を出してすぐに高校を卒業したんですが、ほぼ卒業と同時に仕事が落ち付いちゃった。やっぱりデビューの頃って、話題性もあっていろいろ呼ばれますよね。それが一段落しちゃったんです。

「このまま歌の世界で生きていけるのかな」

「ムリじゃないかな」

と、とても弱気になりました。

夜、一人になったらいろいろ考えますよ。人にも相談できません。「大丈夫だよ」「がんばれよ」と激励してはくれても、不安はなくなりません。

自分ひとりで納得して解決していくしかない。

最も不安になったのが、４枚目の『帰りたいなァ』から5枚目の『ふるさと恋しや』までの間です。1年ごとにCDを出していたのが、そこだけ間が空いてしまったのです。

その空いた1年が２０１１年。あの東日本大震災の年でした。

震災の影響もあって、イベントが減ってしまった。当然です。被災者の方々はそれどころではありません。歌のボランティアで被災地にうかがうとしても、僕が行ったら、かえって手間がかかってしまってご迷惑になる。

それこそ、どうやって生きていこうか、真剣に考えました。もう一度学校に行きなおして、マッサージの資格を取ろうかな、と。カラオケ教室を開こうか、とも思いました。

大震災の1か月後くらいですかね。まだずっと悩んでいました。それで、ウチは有線放送も入れているんですが、いろいろ考えながら、夜、有線をフトかけてみたんです。

するとなぜか、僕の『帰りたいなァ』が流れてきたんですよ〜！

ほんとに偶然でした。

「なんで？」と耳を疑ったのと同時に、急に気持ちが穏やかになっていきました。

「とりあえずやってみろ、というメッセージじゃないのか」

どなたがリクエストしたのかはわかりません。でも、世の中に、確実に僕の歌を聴きたい、という人がいる。

唄い続けよう、そう心に決めました。

結局、デビューして今日まで、1年1年よく続いたな、奇跡だな、と思っています。

キャンペーンやコンサートの仕事が減っても、家にこもっていたわけではありません。

僕はずっと家にいるのが大嫌い。３６５日、外に出て動き回りたい方なんです。

それで地元の市役所の障害福祉課の方に相談に行ったんです。「僕が何か役立てることはないですか」と。

福祉協会を紹介していただいて、さっそく目の不自由な人向けのパソコン教室のお手伝いをすることになったんです。

場所は前橋。僕は機械が大好きで、パソコンはずっと前から使っていました。だからネット接続でも、ローマ字の入力の練習でも、いろいろアドバイスできるんです。週に２～３回、サポートに伺うことになりました。

でも、パソコン教室というより、みんなのおしゃべりの場になっていました。

目が見えないと、なかなか外に出ておしゃべりする機会がないんです。その点、そこに行けば、杖とかの視覚障がい者用の器具の話でも、周りを気にせずに自由に話せます。

「今使っている折り畳み式の杖は便利だよ」

なんて。しかも、みんな歌好きなんです。

「ヒロちゃん、僕らでも気楽に入れる、いいカラオケ喫茶とかない？」

僕の知り合いのお店に、月一回はパソコン教室の仲間を連れていくようになりました。

前橋にあるお店です。デビューする前からここのママには応援していただいていて、伊香保でショーをやったりすると、何十人もお友達を連れて来てくれます。

お店の常連さん、僕らのような目の見えない仲間、それにヘルパーさんも含めて50

人以上になったりします。

人数が多いんで、食べ物や飲み物がどこにあるか、ヘルパーさんについていただかないとわからなくなっちゃうくらい。

パソコン教室に来る方は、中途失明者が多いんです。脳梗塞で倒れて視力を失ってしまったり、網膜剥離や糖尿病の合併症の方、仕事中の事故や、散歩して転んで頭を打って、目の神経もやられた方とか。

目が見えなくなったことで離婚したり、家族と別れて暮らさなくてはならなくなったり、いろいろあります。

そんな皆さんにとって、歌はかけがえのない娯楽のひとつです。

残念ながら若い人にはあまり演歌は好まれません。それで僕と一緒にカラオケ喫茶に行くメンバーは、50代以上になってしまいます。

治療院をやっている50代後半の女性で、歌が好きすぎて、もう3年くらいカラオケ教室に行っている方がいます。その人の家はキャベツで有名な嬬恋村。そこから前橋のカラオケ教室まで、ヘルパーの方に頼んで車で2時間半かけて通うんです。

演歌の新曲が出ると、すぐ覚えちゃう。もう一生懸命なんです。60代後半で、パソコンの方はぜんぜん上達しないのに、歌となったらもう真剣で、1か月にCDを7〜8枚は買う男性もいます。

この方も、新曲を覚えて、みんなで行くカラオケ会で唄うのが生きがい。

「ボケ防止だよ、ハッハッハッ！」

とても賑やか。

こんな「歌好き」の人たちと一緒にいると、僕も「歌好き」の一人として、とても楽しいんです。

確かに僕は今、仕事として「歌い手」をやっていますが、「歌好き」なのを忘れちゃいけないし、変わらないでしょうね。

僕も、家のパソコンでカラオケの音源を作ったり、カラオケの会に備えて、せっせと作業もしています。

もちろん歌も大好きだけど、コンサートでお客さんと接するのも好きです。

「今日もいい歌、ありがとねー！」

お客さんの声を聞くと、幸せになります。だからコンサートやキャンペーンのあとの握手会がいつも長くなってしまうんです。

ファンクラブの方などは、だいたい、握手の時、耳元でしゃべっていただけます。

僕はそのお一人お一人を、見えなくても、声でわかります。

「あ～！　○○さん！　お元気ですか！」

その方の名前を言います。

それに握手だけじゃなくて、つい一言二言しゃべってしまう。わざわざ電車で何時間もかかるような遠方からいらっしゃるお客さんも少なくないんです。

しかも、ただその方がお元気なのを確認するだけじゃなくて、その日に来られなかった方々についても、教えてもらえます。

「体調を崩しているらしい」とわかる時もあれば、初めて「亡くなった」と聞かされる時もあります。

握手会は、僕を応援してくれている方々が、まだまだたくさんいるのを感じさせてくれる大切な場です。それが僕に「歌い手として生きる勇気」を与えてくれます。

だから、長くなるのも仕方ないですね。

コンサートの時など、よくお客さんに聞かれることがあります。

「清水さんの歌には、山や川といった風景や、赤や青といった色も出てきます。実際に目では見られないのに、なぜ表現できるのですか？」

どうでしょう。実体験をもとにした「想像」で雰囲気をつかむというのかな。

たとえば「山」ならば、どんな形かは見たことはないのですが、家族でキャンプで行ったことはあります。「川」も行ってます。

だから、その場の空気や匂い、音は覚えています。そういう体験がもとになっているのは確かでしょう。

夕焼けや朝焼け、星空も見たことはないし触れません。もう想像するしかありません。ただ、夏の夕方の匂い、雨が降っている最中や、やんだ後の音や空気は知っています。だから「夕立」なんかは実感としてわかります。

色については、まったく想像できません。一応、赤は「派手な色」で、たとえば赤電話の色、黒は「地味な色」でカラオケの曲を入れるリモコンの色、として感じています。

服の色味なんかはまったくわかりません。何色のスーツがいいか、とかはすべてまわりの人に決めてもらうしかないです。

わからない点では、歌の中に出てくる「女」とかも想像できませんでした。デビュー曲の『雨恋々』などは、高校生で「女の哀しみ」を唄ったんですから、もう想像の範囲をこえていました。

とにかく、まずは「言葉」。その言葉に合うような「感情」を込めて唄おう、と必死でした。

また、弦先生にもいろいろ教えていただきました。

たとえば「雨」「波」など、暗いイメージがある言葉は、逆に明るく唄った方がいいし、「嬉しい」という言葉は逆に明るく唄わない方がいい、と言われたのです。

同じ「嬉しい」でも、「明るく嬉しい」と「暗く嬉しい」があるから、それぞれを分けて表現したらいい、とも。

今でも、まだ十分な表現ができているとは思えません。歌は深いし、難しいですねぇ。

Interview

「彼には、もっと『お茶の間感』が必要なんです」

中村雅郎（NHK「新・BS日本のうた」エグゼクティブ・プロデューサー）

初めて清水くんを知ったのは、彼がチャンピオンになった『NHKのど自慢』のグランドチャンピオン大会でした。

その時、僕はNHK福岡放送局のデスクで、いわば九州選出の出場者を引き連れてNHKホールに乗り込む立場だったのです。だから関東選出の清水くんはライバルです。

しかしリハーサルで彼の歌を聴いて、

「あ、チャンピオンは彼だ」

と即座に思ってしまいました。目が見えないとか以前に、歌唱力が抜きんでていました。学生服姿の高校生なのに、もう歌が完成されていました。

ただ、2009年まで福岡にいて、東京に戻ってもJ－POP系の番組に関わっていたので、仕事として清水くんと接触する機会はなかったですね。

その機会がおとずれたのが2015年の夏です。僕が『新・BS日本のうた』を担当するようになってから。

会う前は、どうしても目が不自由な人というのもあって、微妙な壁を感じるかな、とも想像していたら、ぜんぜん違っていました。

「よろしくお願いしま〜す！」

やたら高音で明るい。しかも触ると手がとっても柔らかい。心理的な壁はあっさり崩壊しました。つまり「気のいい若者」だったんです。

歌を聴いても、成長の跡がはっきりとありました。もともと彼の声は「歌声が泣いている」感じで、とても特徴がある。声一発で誰が唄っているかわかるタイプ。

せっかくのこの歌声の良さを、もっともっと世の中に知らせなければいけないと思いました。ＮＨＫが『のど自慢』でグランドチャンピオンにして、普通じゃない世界に引き込んでしまった。やはり、その「責任」がＮＨＫにはあるかな、と。

『新・ＢＳ日本のうた』にも、年２〜３回の割で出てもらうようにしました。

それで、余計なおせっかいと知りつつ、彼のスーツやネクタイの色、ヘアスタイルにまで意見を言うようになってしまったんです。

一人でも多くの人に「とっつきやすくてフレンドリー」と感じてもらえるようなファッションをしてほしい。

スーツは、黒のステージ衣装っぽいモノより、色白の彼の顔に合う紺ベースのがいいんじゃないか、とか。

どうも、インスピレーションを刺激されるんです。彼には、今までの歌手、同世代の歌手とは違うテイストがある。上手に伸ばせば「視覚障がい」とかそういう部分とは関係なく、当たる歌手になるのではないか。

それでつい余計なことまで言ってしまう。

２０１６年11月の『新・ＢＳ日本のうた』に出てもらった時、改めて清水くんの得難いキャラクターを発見しました。

なぜか彼は氷川（きよし）くんと相性がいい。氷川くんはやさしい男だから、清水くんをマイク前に誘導するようなことも、さりげなくできる。互いに気を許し合った仲間なんです。

その氷川くんが、本番の客前で、清水くんがしゃべるキンキン声のマネをしたんですね。

それを清水くんは「エ？　なんですか、それ」とトボけてスルーしようとした。

つまり氷川くんは漫才でいうツッコミ、清水くんがボケ。

おそらく氷川くんの野生のカンで、彼をツッコんだ方が面白い、と判断したんでしょう。

期待に応えて、観客は大爆笑でした。

すごいことですよね。通常、身障者の方には、ツッコんだり「笑いもの」にしたりしてはいけない、という暗黙のルールがあるじゃないですか。でも、清水くんには「彼のことは笑ってもいいんだ」と思わせる明るさがあるんです。

清水くんなら、いっぺんに僕らが意識している壁を飛び越えられるな、と感じました。

たとえば、彼の方が客前でお客さんをイジるわけです。

「まー、きょうお集まりなのは、若くてキレイな女性ばかり」

そこですぐさま「見えてんのかい！」とツッコミが入れば、大ウケでしょう。

2017年3月放送の『新・BS日本のうた』では、さっそく彼を使ったコントを入れてみました。会場は三重県・伊賀なので、忍者の設定です。さんざ忍者アクションをやった上で、彼が「最強の男」として登場する。彼自身はただ立ってるだけなのに、まわりがバタバタと倒れていく。

やり過ぎると「イジメ」に見えてしまう。そうではなく、「目が不自由」なのも、大江（裕）くんがふくよかなのと同じように、一つの個性として見せられたらいいな、ネタとして使えたらいいな、と考えているんです。


今、僕は、彼には「お茶の間感のあるタレント」になってほしいと思ってます。歌もうまいけど、食レポもできる、といった。

話術を磨いて、さんまさんの番組とかに出演するのもいいんじゃないんですかね。

障がい者と健常者の壁をなくそう、なんて言っても、お互いが腰を引いていたら、できるわけがありません。ツッコミのネタとしてイジレるくらいでないと、距離はなくならない。


かつて、僕はアテネのパラリンピックの中継ディレクターをやりまして、そこで優勝した視覚障がいの水泳選手と食事したことがありました。

どう接していいか、最初わからなかったけど、そのうち、「サラダだよ」って言って彼の前に唐揚げを置いたり、「ステーキだ」って豆腐置いたりして遊びだしたんです。

するとその彼も、「ひどいじゃないですか」なんて言いながら、心を開いてくれた。

それに通じるんじゃないかな。

お茶の間が受け入れてくれる「視覚障がいという個性を持った」芸能人になってほしい。

彼はおじいさん、おばあさんに愛されるキャラなのだから、「巣鴨の王子」とか、それなりのニックネームをつけてもらって。

もちろん歌の方もしっかりやってほしい。

日本人の好きなメランコリックな情感と彼の「泣き歌」はマッチしています。必ずやビッグヒットを飛ばして「紅白」で日本中を泣かせてほしい。

笑わせ、泣かせる。期待してますよ、清水くん。

清水博正・写真館⑦

ふるさと、群馬でのショー。

さまざまなキャンペーンとコンサートで、
数多くのお客さんと触れ合う。

清水 博正
本日12:30~

祝
今年もコンサートの開催おめでとう
チエ
清水博正

日本各地を旅した。

色内埠頭公園

日登駅

おいしいものもたくさん食べた。

今、講演にもチャレンジしている！

第七章「目が見えない人には『お手伝いしましょうか』の一言を」

最後の章は、ちょこっとだけ歌とは離れます。

視覚障がい者として、日々どんなことを感じ、まわりの人たちとどう触れ合っていったらいいか、またどう接してもらいたいかについて語っていきたいと思います。

昔に比べて、点字ブロックが普及したり、音の出る信号機が増えたりして、視覚障がい者が動きやすい環境が整ってきた、とはよく言われます。

でも現実的には、やっぱり怖くて、なかなか家から出られない人の割合がとても多いんです。

特に不安なのが駅のホーム。

ニュースでも、目が見えない人の駅での落下事故がよく出てきますね。ああいうのは、とても他人事ではありません。

点字ブロックがあるから大丈夫、というわけにはいかないんです。まず、杖で確認しつつ歩いているとしても、ゆっくりと恐る恐るでなく、つい勢いよく歩いていたりすると、階段とホームとの境目がなかなか判別できない。

もっと困るのが、方向です。


場内放送で「白線の内側まで下がってください」といわれても、僕らにはどっ

ちが内側なのか、よくわからない時がある。

音だけでは、なかなか方向まではわかりません。

実は僕も、実際にホームから転落した経験があります。それも3回も。よくひかれなかったな、と思い出すだけで冷や汗です。

1度目は17歳くらいのころだったかな、確か家から学校の寄宿舎に戻る途中の駅でした。

東京の山手線や京浜東北線と違って、地方の電車はあまり本数が多くないんです。なかなか電車も来ないし、じゃあ階段上がって飲み物でも買おうかな、と動き出したんです。杖で確認はしたものの、どうも方向がうまくわからない。

慌ててしまったんですね。「どうしよう、どうしよう」と歩きながら杖であたりを探りまわっているうちに、ホームからストーン！　と落ちちゃった。

持っていたカバンがクッションになってくれたおかげで大きなケガにはなりませんでした。ただ、体は痛かったです。その頃、呼び出しボタンがなかったですから、駅員さんに来てもらうのも難しい。

起き上がると、起きたところが壁になっていたので、その壁をよじ登りました。高さは1・3メートルくらいあったかな。どうやら登れました。駅のホームがあまり高くないのが幸いでした。

今はその駅ではホーム柵で鳥の鳴き声で方向を教えてくれる装置が取り付けられてますが、その頃はなかったんです。

山手線みたいに、頻繁に電車が来る駅ならば、たぶんひかれてました。

あとで線路の下には、体を逃がせるスペースがあるのでそこに隠れなさい、と知り合いに教えられました。

5〜6年前、ある駅で転落した時は、まわりに助けていただきました。

雨がバシャバシャ降っている日でした。この時も大きなケガはなく、逃げるスペースはないかとまわりを杖でカツカツと音を出しながら探っていたのです。

すると、その音に気付いた乗客の方がいて、すぐに駅員さんを呼んでくれました。それで引き上げてもらったんです。

4〜5年前もまた同じ駅でした。

風の強い日で、電車に乗ろうにも、風の音が強すぎて、これまた方向感覚がおかしくなっていたんです。やはり慌ててしまって、足を踏み外しました。

線路が何かを感知すると警報音が鳴って電車が止まるシステムだったので、ひかれる心配はありませんでした。ただ、とても自分ひとりで這い上がれる高さではありません。

線路沿いを歩いて、電信柱までたどりつき、そこについていた緊急用のボタンを押しました。ボタンがあるのを、前から知っていましたから。

すると駅員さんが3～4人駆けつけてくれて、すぐにひきあげていただきました。


3回は多すぎるかな。

僕がずっと家にいるのが嫌いで、毎日、外に出歩くからその分、危険な目に合うのも多いのかもしれません。

だからといって、ずっと家に引きこもっているわけにはいきません。

確かこれは、中学の頃だと思いますが、学校の先生に言われました。

「見えないからって、いつまでも引きこもってるんじゃない。見えないからって、雪の降った日や雨の日に、ずっと家にいるわけにもいかないんだから、きちんと出られる態勢は作っておけ」

って。

ただ、目が不自由な人なら、誰もが、駅のホームには多かれ少なかれ恐怖心があります。さすがに最近では一人で歩くのが怖くなって、ホームでは駅員さんのお世話になっています。電車に乗るまで手を貸していただいて、一緒に歩いているのです。

点字ブロックは、もちろんあった方がいい。とてもありがたい。でも、全部がわかるわけじゃありません。方向を見失った時に、「こっちに歩くとホームから転落してしまいますよ」とはとっさには教えてくれません。

となると、一番いいのは、やっぱりホームドアなんですね。

だけど、一駅設置するのにもたくさんお金もかかるって聞いているし。そう簡単に作れるものじゃない。

だって、あんなに人が多くて、転落事故の起こりやすい山手線の駅でも、まだホームドアがついてないところもあるんでしょ。ましてや、乗降客がそんなに多くない地方の駅で、ホームドアをつけられるものでしょうか?

わかりません。

出来るだけ早く、数多く設置してくれればいいな、と期待するだけです。

点字ブロックの話でいうと、しばしばトラブルになることがあります。

駅前の点字ブロックの上に自転車を停めることって、よくあるでしょ。あれは困ります。

僕らは点字ブロックを頼りに歩いているので、ちょうど道を閉鎖されてしまったようになる。誰でも、続いているはずの道が行き止まりになったらまごつくでしょう。

郵便局のバイクがブロックの上にとまっていて、ついつい言い争いになってしまったこともあります。

おそらく皆さん、無意識なんですね。別に僕らの邪魔をしようとして自転車やバイクをとめるわけじゃない。だからこそ、僕らの方が「こうしてください」と言って、理解してもらわなきゃいけない。

あと、点字ブロックの上でおしゃべりしていて、ずっと立ち止まったまま、というのも困ります。

僕は、極力、「すいませんが・・・」と言いつつ、移動してもらうように頼むのですが、相手が酔っぱらっていたりすると、逆にからまれたりします。

「お前だけの道じゃないんだ」

みたいに。

だから「外に出るのは面倒だからイヤ」と引きこもっちゃう人もでてきちゃいます。

歩道に、よく立て看板を出しているお店がありますよね。ただ、点字ブロックにはかからないようにギリギリのところに立ててありますが、あれも困ってしまう。

お店の方はブロックにかかってないからいいだろう、と考えるのでしょうが、目が見えない人は、片足はブロックの中、片足は外に出して歩いているのです。完全にブロックの中で歩けるわけじゃない。つまり、看板にぶつかっちゃう。

ずっと置きっぱなしの分、ブロックの中に立ち止まっている人よりも困りますね。

10年くらい前と比べても、皆さん、僕らのような視覚障がい者に対する接し方は慣れてきています。

僕はお笑いが大好きで、気が向いたら浅草や上野の寄席に行って落語や漫才を聴いたりするので、電車にも乗りますし、タクシーも使います。仕事以外でもどんどん歩き回ります。

そんな時、「大丈夫ですか?」「お手伝いしましょうか」と声をかけていただくことがとても増えました。

ありがたいです。僕らの方からは、「手助けしてください」とはなかなか声はかけづらい。

中には、たとえ目が不自由でも人の助けを受けずに自分で歩きたい人もいます。十人十色ですから。そういう人に「お手伝いしましょうか」とたずねて、「いらない」と不愛想に断られても、あまり気にはしないでほしいです。

ほとんどの視覚障がい者は声をかけられるとホッとします。

僕も「お手伝いしましょうか?」と声をかけられたら、まず「ありがとうございます」とお礼を言います。その上で、「人を待っているだけですから、今は大丈夫です」と答えたりもします。

せっかく人間にはおしゃべりという手段があるんです。だから目が見える人も、見えない人も、自分の口を通して自分の意志を伝えられる。

目が見えない側は、食事でも、歩きでも、普通の人の3倍、5倍の手間がかかるとしても、人に助けてもらえれば、ずっと楽にできることも多いのです。

お互い変な抵抗もなく、もっともっとフレンドリーに話せるようになったらいいな、とずっと思っています。

声をかけてほしい、と言いましたが、たとえば突然

「危ない！」

などと叫ばれたりすると、逆に目の不自由な人間はびっくりしてしまいます。何がどう危ないのか、わからないからです。

「後ろから自転車が来るよ」とか、「前に階段があるよ」みたいに、危ない理由も教えてほしいです。そこがわからないと、不安感ばかり強くなって、うかつに動いて、もっと危なくなったりしちゃいます。

それにしても、車の接近などは昔の方がわかりやすかったです。エンジン音が大きかったから。ハイブリットになって、車が来ているのかどうかがわかりにくくなりました。

さて、今までどちらかといえば、目が見える人がどう見えない人と接して欲しい

か、という話でしたね。

でも、見える側の人に「こうなってほしい」ばかり言うのではなくて、見えない側も、直さなくちゃいけないところはあります。

それは、「自分は身障者なんだから、世の中の人たちが助けるのは当然だ」みたいな考え方です。目が見えない方全員がそうじゃありません。ただ、少なからずいます。

僕のコンサートでも、会場でトラブルが起きたことがあります。たくさんのお客さんに来ていただいて、もう満員で空席もなかったんです。そこへ、あとからやってきた視覚障がい者の人が、

「目が見えないんだから、椅子を用意しろ」

「このままじゃ立ち見になってしまう。障がい者手帳持っているんだから座らせろ」

スタッフは忙しくてなかなか手が回らないし、今更、一度座ったお客さんを立たせるわけにもいきません。

僕は、こんなふうに障がい者だからって、我が物顔で自己主張するのは、やはり間違っていると思います。

「障がい者だから特別」というのはおかしいです。

ヘルパーの皆さんには、本当にいろいろお世話になっています。目的地までの往復を車に乗せてもらって、家に戻ってパソコンの前まで連れて行ってもらったり。

ときには一日中、ついてもらうこともあります。

いつも決まったヘルパーさんにお願いする人もいますが、僕はなるべく新しいヘルパーさんを頼みます。

いろいろな人と会って、その人とおしゃべりするのが楽しいですから。

中にはあまり会話するのは苦手というヘルパーさんもいます。いいんです、人間は十人十色、どんなタイプがいてもいい。

高崎市の地域だけでも40カ所くらいヘルパーさんを派遣してくれるところがあって、こちらからお願いするわけです。

仕事の話になったりもします。

「コンサートやるから来てよ」

そう言うと、実際に来てくれた方も何人もいます。「清水く～ん！」と声かけてくれて、握手会で思い切り手を握ってくれたり。

千葉から来たヘルパーの方で、ファンクラブに入ってくれて、コンサートがあると、僕のジャンパー着て応援してくれてる方もいます。

僕が知っているヘルパーさんの平均年齢は55歳くらいかな。

ヘルパーさんたちの苦労話が、またとても興味深いんです。そういう話を聞くと、いろんな方の面倒を見ているんだな、と感心させられます。


ヘルパーさんとは違って、ボランティアの方のお世話になることもしばしばあります。福祉関係の会合に出る時に、駅から会場まで誘導してくれたり。

ヘルパーさんに比べて慣れていない方も多いですが、皆さん、一生懸命さが伝わってきて、とてもありがたいです。

ヘルパーさんなら、曲がり角に来たら、まず止まってくれて、「じゃあ右側にいきましょう」と教えてくれます。

ところがボランティアさんですと、その一歩止まって、がないこともあるんです。一つ一つ、聞いてくる方も多いですね。

「右手と左手のどちらを持った方がいいですか？」みたいに。僕は、そういう質問があったら答えて、そのうちに「演歌はお好きですか？」「いいえ、やっぱりポップスの方が」みたいにおしゃべりが広がっていったりもします。

もともと好きでボランティアをされているわけですから、人のお手伝いをするのが嫌なわけはありません。だから、誘導のコツをつかむのも早いですよ。ヘルパーさんにもボランティアさんにも、僕らはいつも助けていただいている。感謝しかありません。

ＩＴ機器は、年々進んでいます。

ただ、パソコンはもっともっと音声ソフトが安くなってほしいかな。結構値段が高いので、かなり負担なんです。点字パソコンもなかなか安くなりません。

携帯電話は、ブルートゥースつけて聞けるようになって、あれはとてもありがたいです。前だと駅などで、周りにたくさん人がいると、とても聞きづらかったですから。色を読んでくれる機器があるのは知っていますが、僕はまだあまり使わないです。

明るさや色を正確に教えてくれるものがあればありがたいけど、まだまだ、それほど精度は高くないようですし。

「しゃべる杖」もありますよね。カーナビみたいなもので、「右に曲がりましょう」とか教えてくれる。ただ、杖がしゃべる音を聞くと、周りの音が聞き取れなくなっちゃう。どこまで実用的か、まだわからないですね。

それとカラオケ。タッチパネルが中心になっちゃってるでしょ。あれ、目が見えないと操作がやりづらいんです。

目の見えない歌好きはたくさんいるんで、点字も入れてくれたり、声でリクエストできるようにしたり、是非何か工夫をしてほしいですね。小学校に上がる前からカラオケの操作をしている僕としては、とても残念です。

盲導犬については、僕は利用させてもらったことはありません。

だって、一度、犬を飼ったら、絶対に「愛着」が生まれるでしょ。家族と同じ存在になっちゃう。ところが一緒にいられるのはせいぜい8〜9年。

別れがつらくなるに決まっているじゃないですか。

ただ、北海道に行ったとき、同じ目が不自由の歌仲間の方の誘導をしている盲導犬に触れさせていただいたことはあります。

北海道のように雪が多い地域は、冬になると点字ブロックが埋まっちゃうんですね。それで、道を歩いていたりして、車が来ていると、盲導犬と一緒なら、しっかり止まって、決して動かない。とても安心なのだそうです。

しかし、その人もやっぱり「別れとなるとつらいよ」と言われていました。


点字図書館については、もっと世の中の人たちが知ってほしいですね。

点字図書館と聞くと、まるで点字の本ばかりあるみたいですが、実は録音図書の方がずっと多いんです。中途失明の方などは、それから点字を覚えて本を読むって、なかなか難しいですよね。音声で聞ける方がいいでしょ。


「サピエ」もだんだん浸透してきています。


これは目の不自由な人たちに点字図書や録音図書を配信するサービスで、パソコンやネットをつないでリクエストすれば、いつでも図書が利用できます。

携帯電話で、録音図書も聴けます。

すごいですよねぇ。これ、あまり知られていないのでもったいないな、と僕なんかは思ってしまう。

今のところは、利用者はほぼ僕らのような視覚障がい者なのですが、もっと一般の人たちが幅広く利用できるようにしてもいいんじゃないか、って。

本を音で味わうのは、別に目の不自由な人たちだけの特権ではないし、見える人と見えない人が分かり合えるいいキッカケにもなるんじゃないでしょうか。

理解し合える、ということでいうと、僕はパラリンピックや、『24時間テレビ』はとても有意義だと考えています。よく、

「あんなのはキレイごとで、身障者をネタにしたカネ儲けか自己満足」

みたいないい方をする人もいるでしょ。

これも十人十色。いろんな意見があるのはわかります。

でも、現にパラリンピックで活躍する選手や、『24時間テレビ』で、障がいに負けずに明るく生きている人たちを見て、勇気づけられる方々はいるわけです。

一般の方にもいるだろうし、ましてや障がい者を元気付ける効果はとても高いはず。

僕らのような視覚障がい者にとっても、世の中の人たちに自分たちの存在を理解し

てもらうのに、とてもありがたいイベントです。パラリンピックは、障がい者でもここまでやれるんだ、というのを見せてくれます。『24時間テレビ』は、テレビという大きなメディアの中で、たとえばドラマで、視覚障がい者の現状を描いて、社会全体に伝えてくれます。

たぶん「バリアフリー」も、この二つがなければ、今ほど世の中には浸透しなかったんじゃないかと言えるくらいです。

さらに目の不自由な立場からいわせてもらうと、『ラジオ・チャリティー・ミュージックソン』はとてもありがたいです。

もう40年以上も続いているらしいのですが、毎年、クリスマスになると、視覚障がい者向けの「音の出る信号機」を寄付するために、たくさんのラジオ局が募金活動をしてくれます。

僕らにとってラジオは、音で聴けるかけがえのないものですからね。そのラジオが、こうしたイベントを毎年やってくれるのは、ほんとに嬉しいしありがたいです。

そうやって、僕らのことをもっと知ってもらえるのがありがたい。

歌手という仕事については、今でもまだこのまま20～30年後もいけるかどうか、不安は続いています。不安が８割。マッサージの資格を取って仕事にする機会が来るかもしれない、と時々考えたりもします。

でも、自分の持っている可能性を狭めたくはないです。

目が見えなくてもマッサージや鍼灸以外の道で成功されている方は、たくさんいるんです。

僕が知っている範囲でも、ピアノの調律師になっている方もいれば、宮城でラジオのパーソナリティとして人気のある方もいます。

パソコンの、視覚障がい者向けのソフトを作っている方もいます。

群馬では、音響会社の社長さんとしてカラオケ大会のステージをまとめている方もいる。

点字関係の校正や本づくりの仕事をしている方もいます。

福祉団体などに呼ばれて講演活動をしている方もいます。

皆さん、それぞれ人の何倍もの努力をして道を切り開いた方たちです。

「この人たちを目指して頑張れ」

というのは、目の見えない人間にとっては大きな負担です。障がいの程度は人それぞれだし、頑張ろうにも頑張れない人はたくさんいます。

でも、「どうせ自分の人生はもうお終い」と諦めるのだけはやめてほしいです。焦ることはないです。

出来ることなら僕も結婚もしたいです。

ただ「彼女」は今までいたことがありません。演歌の「歌仲間」はだいたいが60代以上、どんなに若くても30代後半ということもあってちょっと難しいかなぁ（笑）。

一人の女の子と付き合うより、みんなで賑やかに唄った方がいい、という気持ちもありましたから。じゃあ一生独身でもいいや、というわけではありません。

自分より相手のことを考えてくれるやさしい性格で、演歌好きな女性がいたら、ぜひ付き合いたいし、結婚もしたい。

お互いが協力し合って、一生一緒に生きていくのは、とても憧れます。

あんまり年上なのは困るけれど（笑）。目が不自由な同士はあるかな、とも思っています。

僕をずっと応援してくれていた、神戸に住むご夫婦は、僕にとっての「理想の夫婦」でしたね。

ご主人は弱視で、奥さんは全盲。お二人でマッサージの仕事をされていました。それで、

「女房が出来ないことはオレがやる。料理は全部、女房に任せる」

と、出来るだけ奥さんがやれることは任せて、40年間、2人仲良く暮らしていました。お子さんも2人。

僕が神戸に寄ったら食事に誘ってくれて、群馬でコンサートがあったら、わざわざ夫婦で応援に来てくれました。

そのご主人が2015年に72歳で亡くなったんですね。でも、今でも奥さんはご主人の遺骨の一部をもって、お孫さんやヘルパーの方と一緒に、僕のコンサートの応援に来てくれます。

ああいう夫婦になれるならいいな、とつくづく感じます。

バリアフリーが進んで、目の見える人と見えない人との垣根がなくなる「開かれた

社会」になったらいいな、と僕はずっと願っています。

すでにパソコンの世界では、ある程度、実現していますが、実社会ではまだまだです。

「障がいはハンデではなく個性」

と皆さんが認めてくれる時代に早くなってほしいものです。

あとがき

生まれてまだ20数年で、僕はいったいどれほどの人のお世話になって生きてきたんだろう、と考えたりもします。

もう、思い出すとキリがありません。

まず両親、祖父母や妹、たくさんの歌仲間、学校の友達、先生、寄宿舎の仲間や指導員の皆さん、それに歌い手の仕事を始める時の大恩人の弦 哲也先生や、たかたかし先生、プロの歌い手の皆さん、各テレビ局・ラジオ局のスタッフの皆さん、雑誌や新聞の記者の皆さん。テイチクレコードの皆さんや事務所のテイチクミュージックのスタッフの皆さん、僕を応援し続けてくれる地元の方やファンクラブの皆さん・・・。

本当にありがとうございます。

その全員の声が、すぐに甦ってきます。

亡くなった方もたくさんいるし、しばらく会っていない方もいます。

とにかくそんな皆さんの支えがなかったら、僕は今日まで歩いてこられませんでした。

祭りの御神輿ではありませんが、かついでくれる方々がいなかったら、僕は地面に落ちて壊れてしまったでしょう。

僕には大切な人と歌がありました。

苦しくて逃げ出したいこと、生きているのなんてさっさとやめてしまいたいと思ったことも、決してなかったわけじゃない。

それを踏みとどまれたのは、「歌」と「人」のおかげです。

もっともっと歌を楽しんで唄って、たくさんの人たちとも交流していきたい。僕を励ましてくれたお年寄りや、僕と同じ境遇の体の不自由な人たちにも楽しんでもらいたい。

「目が見えない」ということとは一生付き合っていかなくてはなりません。

でもそれをマイナスにとらえていたってしょうがない。

僕の歌声を聴いていただくことで、お年寄りや、体に不自由を抱えて「心も閉じてしまった」人たちを元気づけたい、この願いもたぶん一生変わりません。

２０１７年春
清水博正

目が見えない演歌歌手

2017年4月15日　初版発行
2017年5月25日　第二刷発行

著者　清水博正
発行　㈱山中企画
〒114-0024 東京都北区西ヶ原3-41-11
TEL03-6903-6381　FAX03-6903-6382
発売元　㈱星雲社
〒112-0005 東京都文京区水道1-3-30
TEL03-3868-3275　FAX03-3868-6588
デザイン　下鳥怜奈（サイバーダイン）

印刷所　モリモト印刷
＊定価はカバーに表示してあります。
ISBN978-4-434-23162-9　C0023